HYGGE

HYGGE

KLUCZ
DO SZCZĘŚCIA

MEIK WIKING

Przełożyła Elżbieta Frątczak-Nowotny

Wydawnictwo Czarna Owca
Warszawa 2017

Tytuł oryginału
THE LITTLE BOOK OF HYGGE

Redakcja
Grażyna Mastalerz

Projekt okładki i wnętrza
Hampton Associates

Adaptacja okładki
Magdalena Zawadzka / Aureusart

Korekta
Maciej Korbasiński

DTP
Marcin Labus

Redaktor prowadzący
Anna Brzezińska

Wiersz na stronie 178 *Radosny dzień Svantego* Benny'ego Andersena
w przekładzie Kurta Hansena pochodzi z tomu *Højskolesangbogen*

Wydanie I

Druk i oprawa
ABEDIK S.A.

ISBN 978-83-8015-556-5

Wydawnictwo

ul. Alzacka 15a, 03-972 Warszawa
www.czarnaowca.pl
Redakcja: tel. 22 616 29 20; e-mail: redakcja@czarnaowca.pl
Dział handlowy: tel. 22 616 29 36; e-mail: handel@czarnaowca.pl
Księgarnia i sklep internetowy: tel. 22 616 12 72; e-mail: sklep@czarnaowca.pl

SPIS TREŚCI

WPROWADZENIE

Hyga? Hhyoogh? Heurgh? Nieważne, jak będziemy wymawiać czy pisać hygge. *Pozwolę sobie sparafrazować jednego z największych filozofów naszych czasów – Kubusia Puchatka, który zapytany, jak się pisze słowo oznaczające pewne uczucie, odpowiedział: „Tego się nie pisze, to się czuje".*

Pisownia i wymowa to zresztą mały kłopot. Prawdziwą sztuką jest wytłumaczenie, czym dokładnie jest *hygge*. Bo *hygge* to wiele różnych rzeczy: to sztuka stwarzania atmosfery intymności i ciepło na sercu, ale też zero zmartwień, poczucie ukojenia, przytulne tête-à-tête i moje ulubione kakao przy świecach.

Hygge to raczej odpowiedni nastrój i coś, czego się doświadcza, a nie rzeczy. To przebywanie z ludźmi, których się kocha. To dom. Poczucie, że jesteśmy bezpieczni, chronieni przed światem, że możemy spokojnie opuścić gardę. Możemy bez końca rozmawiać o wielkich i małych życiowych sprawach, ale możemy też po prostu cieszyć się swoją milczącą obecnością. Możemy wreszcie delektować się w samotności filiżanką dobrej herbaty.

Któregoś roku w grudniu, tuż przed Bożym Narodzeniem, spędzałem weekend z kilkorgiem przyjaciół w starej chacie. Najkrótszy dzień roku rozświetlał pokrywający wszystko dookoła śnieżny kobierzec. Kiedy około czwartej po południu zaszło słońce i mieliśmy je zobaczyć dopiero za siedemnaście godzin, weszliśmy do środka, żeby rozpalić ogień w kominku.

Zmęczeni długą wędrówką, na wpół śpiący, w grubych swetrach i wełnianych skarpetach usiedliśmy wokół paleniska. Słychać było jedynie bulgotanie gotującego się gulaszu i trzaski ognia, od czasu do czasu ktoś wypił łyk grzanego wina. Nagle odezwał się jeden z moich przyjaciół:

– Czy może być coś bardziej *hygge*? – spytał retorycznie.

– Może – powiedziała po chwili jedna z dziewczyn. – Gdyby na dworze rozszalała się burza śnieżna.

Wszyscy przytaknęliśmy.

KLUCZ DO SZCZĘŚCIA?

Mam najlepszą pracę na świecie. Badam, co czyni ludzi szczęśliwymi. W Instytucie Badań nad Szczęściem, Happiness Research Institute, który jest niezależnym think tankiem zajmującym się dobrostanem, szczęściem i jakością życia, staramy się rozpoznawać przyczyny i skutki ludzkiego szczęścia, by móc podnosić jakość życia ludzi na całym świecie.

Siedzibę mamy w Danii i – owszem – od poniedziałku do piątku palimy w biurze świece, i – owszem – wybraliśmy to właśnie biuro po części ze względu na *hygge*. Chociaż kominka akurat nie mamy. Na razie. Powstaliśmy i działamy w Danii, ponieważ Dania nieustannie lokuje się wśród najszczęśliwszych krajów świata. Chociaż bynajmniej nie jest doskonałą utopią: staje przed takimi samymi wyzwaniami i problemami jak inne kraje. Jestem jednak przekonany, że może być źródłem inspiracji dla wszystkich krajów, które szukają sposobu na to, żeby poprawić jakość życia swoich obywateli.

To, że Dania jest jednym z najszczęśliwszych krajów świata, budzi duże zainteresowanie mediów. Nie ma tygodnia, żeby dziennikarze z „New York Timesa", BBC, „Guardiana" czy „China Daily" nie pytali mnie: „Dlaczego Duńczycy są tacy szczęśliwi?" i „Czego możemy się nauczyć od Duńczyków o szczęściu?". Co więcej, delegacje burmistrzów, badaczy i polityków ze wszystkich zakątków świata często odwiedzają nasz Instytut w poszukiwaniu, no cóż... szczęścia – albo przynajmniej żeby dowiedzieć się, skąd bierze się duński dobrostan. Dla wielu to zagadka, bo Duńczycy nie dość że mają okropną pogodę, to jeszcze płacą podatki, które należą do najwyższych na świecie.

Co ciekawe, państwo opiekuńcze cieszy się tu dużym poparciem. Wynika to ze świadomości, że model opiekuńczy zamienia dobrobyt ogółu właśnie w dobrostan. My nie płacimy podatków, mówią Duńczycy – my inwestujemy w swoje społeczeństwo. Kupujemy jakość życia. Kluczem do zrozumienia duńskiego dobrostanu jest uświadomienie sobie, że duńskie państwo dobrobytu potrafi redukować ryzyko, niepewność i lęk obywateli i nie dopuszcza do tego, żeby czuli się skrajnie nieszczęśliwi.

Choć ostatnio przyszło mi do głowy, że duńska recepta na szczęście może zawierać niezauważony do tej pory składnik: *hygge*. Sam termin *hygge* pochodzi od norweskiego słowa oznaczającego dobrostan. Przez niemal pięćset lat, aż do roku 1814, kiedy to Dania utraciła Norwegię, te dwa kraje były jednym królestwem. W pisanym języku duńskim *hygge* pojawiło się po raz pierwszy na początku XIX wieku i skojarzenie z dobrostanem i szczęściem może nie być przypadkowe.

Według Europejskiego Sondażu Społecznego Duńczycy są najszczęśliwszymi ludźmi w Europie, ale też właśnie Duńczycy najczęściej spotykają się z przyjaciółmi i rodziną i odczuwają największy spokój. Nic zatem dziwnego, że zainteresowanie *hygge* wzrasta. Dziennikarze przemierzają Danię w poszukiwaniu *hygge*. W jednym z brytyjskich college'ów naucza się duńskiego *hygge*. Na całym świecie powstają piekarnie *hygge*, sklepy *hygge*, kawiarnie *hygge*. Ale jak się tworzy *hygge*? Jaki związek ma *hygge* ze szczęściem? No i co to właściwie jest? To tylko część pytań, na które szukam w tej książce odpowiedzi.

ROZDZIAŁ PIERWSZY

ŚWIATŁO

NATYCHMIASTOWE *HYGGE*: ŚWIECZKI

──────────

Żaden przepis na hygge *nie będzie kompletny bez świec. Kiedy pyta się Duńczyków, z czym kojarzy im się* hygge*, osiemdziesiąt pięć procent wymienia właśnie świeczki.*

Nieprzypadkowo na kogoś, kto psuje zabawę, mówi się po duńsku *lyseslukker*, co dosłownie znaczy: ten, który gasi świecę. Każdy Duńczyk wie, że najszybciej osiągniemy stan *hygge*, zapalając kilka świec, czyli *levende lys*, po duńsku żywe światło. Ambasador Stanów Zjednoczonych w Danii Rufus Gifford twierdzi, że Duńczycy są zakochani w świecach. „Nie chodzi o to, że świece stoją w salonie. One są wszędzie. Palą się w klasach szkolnych, w salach konferencyjnych, dosłownie wszędzie. Dla Amerykanina ogień w szkole to zagrożenie pożarowe, dla Duńczyków stan emocjonalny: radość i przyjemność".

I jest w tym wiele racji. Z danych Stowarzyszenia Europejskich Producentów Świec wynika, że właśnie w Danii zużywa się najwięcej świec na mieszkańca w Europie. Każdy Duńczyk spala około sześciu kilogramów wosku rocznie. Dla porównania każdy Duńczyk zjada w ciągu roku trzy kilogramy bekonu. Bo konsumpcja bekonu także należy w Danii do standardowych miar. Ale jeśli chodzi o zużycie świec, Duńczycy biją rekordy. Spalają ich dwa razy więcej niż Austriacy, którzy z nieco ponad trzema kilogramami na głowę rocznie zajmują w tej kategorii drugie miejsce. Nie dotyczy to jednak świec zapachowych. Asp-Holmblad, najstarszy producent świec w Danii, nie ma ich nawet w ofercie. Świece zapachowe są uważane za sztuczne, a Duńczycy zdecydowanie preferują produkty naturalne i organiczne. Jeśli chodzi o produkty organiczne, plasują się wręcz na jednym z czołowych miejsc w Europie.

Według badań opublikowanych ostatnio
w jednym z największych duńskich
dzienników ponad połowa Duńczyków jesienią
i zimą pali świece codziennie, jedynie cztery
procent twierdzi, że nigdy nie zapala świec.
W grudniu sprzedaż świec rośnie trzykrotnie.
Przed Bożym Narodzeniem pali się też
specjalną świecę adwentową – *kalenderlys*.
Różni się od zwykłych tym, że jest podzielona
na dwadzieścia cztery odcinki odpowiadające
dniom poprzedzającym Boże Narodzenie.
Każdego dnia spala się konkretny oznaczony
fragment. W ten sposób świeca staje się
najwolniejszym na świecie czasomierzem.

Inna ważna okazja związana z paleniem
świec to czwarty maja. To tak zwany *lysfest*,
święto światła. Wieczorem 4 maja 1945 roku
BBC podało, że Niemcy, okupujące Danię
od 1940, poddały się. Podczas drugiej wojny
światowej w Danii, podobnie jak w innych
krajach okupowanych przez Niemcy, z obawy
przed nalotami obowiązywało zaciemnienie.
Dzisiaj Duńczycy świętują powrót światła,
wystawiając świece w oknach swoich domów.

Świece są niewątpliwie *hyggelige*, ale mają też wady. Jedną z nich jest sadza. Badania dowodzą, że zapalenie jednej świeczki zanieczyszcza powietrze mikrocząsteczkami sadzy bardziej niż uliczny ruch samochodowy.

Badania przeprowadzone przez Duński Instytut Badań Budowlanych wykazały, że palące się świece zanieczyszczają powietrze w pomieszczeniach bardziej niż papierosy czy gotowanie. Ale chociaż Dania jest krajem bardzo uporządkowanym, jak dotąd nikt jeszcze nie wpadł na pomysł, żeby na świecach umieszczać stosowne ostrzeżenia. Nikt nie odważy się zadrzeć ze zwolennikami *hygge*. Rośnie natomiast świadomość, że jeśli w pokoju paliły się świece, należy go potem dobrze wywietrzyć. Niezależnie od konsekwencji zdrowotnych Duńczycy nadal zużywają nieprzyzwoicie dużo świec.

Jak często Duńczycy zapalają świece?

28%	**23%**	**23%**	**8%**	**4%**	**14%**
codziennie	4–6 razy w tygodniu	1–3 razy w tygodniu	mniej niż 1–3 razy w miesiącu	nigdy	nie wiem

Ile świeczek zapalają jednocześnie?

5%	**16%**	**13%**	**16%**	**8%**	**31%**	**11%**
jedną	dwie	trzy	cztery	pięć	więcej	nie wiem

LAMPY

Oświetlenie nie sprowadza się tylko do świec. Duńczycy mają obsesję na punkcie światła w ogóle. Kiedyś w Rzymie przez dwie godziny szukaliśmy z moją dziewczyną restauracji, która miałaby oświetlenie odpowiednio hyggelig.

Duńczycy uważnie wybierają lampy i umieszczają je w strategicznych miejscach, tak żeby dawały łagodne światło. Oświetlenie to dziedzina sztuki, nauka i gałąź przemysłu. Najpiękniejsze lampy na świecie pochodzą ze złotego okresu duńskiego dizajnu, na przykład lampy Poula Henningsena, Arnego Jacobsena czy Vernera Pantona. Nawet w niewielkich mieszkaniach studentów, którzy na co dzień zaciskają pasa, można znaleźć lampy Vernera Pantona – warte nawet tysiąc euro.

Zasada jest prosta: im bardziej przytłumione światło, tym więcej *hygge*. Temperatura barwna lampy błyskowej to mniej więcej pięć tysięcy pięćset kelwinów, jarzeniówki pięć tysięcy kelwinów, lampy żarowej około trzech tysięcy kelwinów, podczas gdy zachód słońca, płonące drewno czy paląca się świeca to jakieś tysiąc osiemset kelwinów. I to jest ideał *hygge*.

Gdyby ktoś z was miał ochotę poczuć, jak to jest obcować z wampirami, powinien zaprosić Duńczyków na kolację *hygge* i posadzić ich pod jarzeniówką. Najpierw będą zezować, próbując zbadać dziwne urządzenie pod sufitem. Potem, już w trakcie kolacji, zaczną się nerwowo drapać i przesuwać krzesła.

Powodem obsesji na punkcie światła jest klimat, który od października do marca pozbawia Duńczyków dostępu do naturalnego światła. Jedyne, czego wówczas jest pod dostatkiem, to ciemność. Lato jest w Danii przepiękne. Gdy tylko pojawiają się pierwsze promienie słońca, Duńczycy budzą się z zimowego snu i ruszają szukać słonecznych miejsc. To moja ulubiona pora roku. Ale jakby nie było dość, że zimy w Danii są ciemne i zimne, a lato krótkie, mamy rocznie sto siedemdziesiąt dziewięć dni deszczu. Fanom *Gry o tron* polecam, by wyobrazili sobie zamek Winterfell.

Dlatego właśnie *hygge* jest takie ważne, dlatego stało się częścią narodowej tożsamości i kultury kraju. *Hygge* to antidotum na chłodne zimy, deszczowe dni i wszechogarniającą ciemność. *Hygge* można zapewniać sobie przez cały rok, ale zimą *hygge* to już nie tyle konieczność, ile strategia przetrwania. Dlatego Duńczycy są *hygge*-fundamentalistami. I mogą o tym rozmawiać bez przerwy.

Ulubioną częścią mojego kopenhaskiego mieszkania jest parapet w kuchni. Jest na tyle szeroki, że można na nim wygodnie siedzieć. Dodając poduszki i koc, stworzyłem tam prawdziwy *hyggekrog* (zobacz słowniczek *hygge*, s. 42). Znajdujący się pod parapetem grzejnik sprawia, że w chłodne zimowe wieczory jest to idealne miejsce, żeby się ogrzać z kubkiem herbaty w ręku. Ale to, co lubię najbardziej, to łagodne, ciepłe bursztynowożółte światło padające z okien mieszkań naprzeciwko. Bez przerwy zmieniająca się mozaika, którą częściowo zawdzięczamy Poulowi Henningsenowi. Dobrze oświetlone wnętrze to zwykle zasługa lamp jego autorstwa, w Danii nazywanych po prostu lampami PH.

Ten znany duński architekt i projektant był dla oświetlenia tym, kim Edison był dla żarówki. Jak większość Duńczyków miał obsesję na punkcie światła. Niektórzy nazywają go pierwszym architektem światła, ponieważ poświęcił życie badaniu wpływu światła na nasze samopoczucie. Jego celem było stworzenie lampy, która dawałaby jasne, rozproszone światło, ale nie świeciłaby prosto w oczy.

Poul Henningsen urodził się w 1894 roku. Wychował się nie w ostrym świetle elektrycznym, tylko w łagodnym świetle lampy naftowej. To ono stało się potem jego inspiracją. Projektując elektryczne oświetlenie, starał się uzyskać efekt przypominający łagodne, miękkie światło lampy naftowej.

Żeby dobrze oświetlić pokój, nie potrzeba pieniędzy – konieczna jest natomiast kultura. Kiedy skończyłem osiemnaście lat, zacząłem eksperymentować: szukałem w oświetleniu harmonii. Ludzie są jak dzieci. Jak tylko dostaną nowe zabawki, odrzucają kulturę i zaczyna się szał.

Kiedy wieczorem jedzie się tramwajem i patrzy w okna mieszkań na pierwszym piętrze, widać, jakie są ponure. Nic – ani meble, ani ozdoby, ani dywany – nie jest tak ważne jak dobre oświetlenie.

Poul Henningsen *(1894-1967)*, On Light

TRZY DUŃSKIE IKONY OŚWIETLENIA

1 LAMPA PH

W 1925 roku Poul Henningsen po trwających ponad dekadę eksperymentach zaprezentował pierwszy model swojej lampy. Dzięki składającej się z kilku warstw obudowie lampa PH dawała miękkie, rozproszone światło, jednocześnie ukrywając jego źródło – żarówkę. Dodatkowo, żeby ostre białe światło miało cieplejszy odcień, jedna z części lampy została pomalowana od środka na czerwono. Największym sukcesem projektanta okazał się wypuszczony w 1958 roku model PH5 z charakterystycznymi metalowymi osłonami. Do dzisiaj wyprodukowano ponad tysiąc różnych modeli, w najróżniejszych konfiguracjach. Wiele z nich przestano już produkować. To białe kruki, których ceny na aukcjach dochodzą nawet do czterdziestu tysięcy euro.

2 LE KLINT

W 1943 roku rodzina Klintów zaczęła produkować charakterystycznie pofałdowane klosze. Tak naprawdę dziesięć lat wcześniej lampę tę zaprojektował na własny użytek duński architekt Peder Vilhelm Jensen-Klint. Potrzebował osłony do lampy naftowej, którą zaprojektował wcześniej. Produkcja lamp stała się rodzinnym przedsięwzięciem Klintów, którzy wdrażali do produkcji innowacyjne dizajnerskie pomysły.

3 VP GLOBE PANTONA

VP Globe Pantona to lampa wisząca dająca miękkie, rozproszone światło, pochodzące z wnętrza okrągłej obudowy. Została zaprojektowana w 1969 roku przez Vernera Pantona – *enfant terrible* duńskiego dizajnu. Verner Panton uwielbiał pracować z nowoczesnymi materiałami, takimi jak plastik czy stal. Studiował w Duńskiej Królewskiej Akademii Sztuk Pięknych, w Szkole Architektury, Wzornictwa i Konserwacji, gdzie dzisiaj znajduje się zajmujące się badaniami nad światłem sztucznym i dziennym „laboratorium światła".

LEPSZE NIŻ PHOTOSHOP

Jest grupa zawodowa zainteresowana światłem co najmniej tak bardzo jak Duńczycy. To fotografowie. Słowo fotografia oznacza malowanie światłem. Malując światłem, pozwalają nam lepiej zrozumieć i docenić oświetlenie.

Może właśnie dlatego uwielbiam fotografować. W ciągu ostatnich dziesięciu latach zrobiłem dziesiątki tysięcy zdjęć, a moją ulubioną porą dnia jest złota godzina – pierwsza po wschodzie słońca i ostatnia przed zachodem. Wtedy słońce jest nisko, a jego promienie, przebywając długą drogę przez atmosferę, dają ciepłe, miękkie, rozproszone światło o złotym odcieniu. Niekiedy nazywa się ten czas porą magiczną. Osobiście przez jedną dwieście pięćdziesiątą sekundy byłem zakochany w każdej kobiecie, której zrobiłem zdjęcie o tej właśnie porze. To właśnie ten rodzaj światła tworzy klimat *hygge*. W takim oświetleniu my sami i wszyscy nasi przyjaciele wyglądają wspaniale, lepiej niż po zastosowaniu filtra na Instagramie.

JAK STWORZYĆ OŚWIETLENIE W STYLU *HYGGE*

To proste. Zapalcie świece. Ale pamiętajcie, żeby potem wywietrzyć pokój. Możecie się też zastanowić nad oświetleniem elektrycznym. Na ogół kilka mniejszych lampek ustawionych w różnych miejscach daje światło bardziej *hyggelig* niż jedna duża lampa zawieszona na suficie. Możecie też spróbować stworzyć niewielkie nisze światła.

—

ROZDZIAŁ DRUGI

POROZMA-WIAJMY O *HYGGE*

ZESPÓŁ TOURETTE'A

O języku duńskim można powiedzieć wiele rzeczy, ale na pewno nie że jest piękny. Google podpowiada nam, że duński brzmi jak... niemiecki i jak ziemniak – to dwie pierwsze propozycje. Dla cudzoziemca brzmi tak, jakby ktoś mówił po niemiecku z gorącym ziemniakiem w ustach.

Ktoś kiedyś stwierdził, że Duńczycy wydają odgłosy przypominające kaszel chorej foki. Nie zmienia to faktu, że kiedy trzeba opisać *hygge*, mamy do wyboru bardzo wiele zwrotów.

Hygge to zarówno czasownik, jak i przymiotnik: coś może być *hyggelig(t)*. Jaki *hyggelig* salon! Jak *hyggeligt* cię widzieć! Mam nadzieję, że spędzisz czas *hyggeligt*!

Powtarzamy *hygge* i *hyggelig* tak często, że cudzoziemcy mogą niekiedy zacząć podejrzewać, że cierpimy na łagodną formę zespołu Tourette'a. Co chwila podkreślamy, jakie coś jest *hyggelig*. Bez przerwy. Opowiadamy o tym, jak to będzie *hyggeligt*, kiedy się spotkamy w piątek, a potem, w poniedziałek, będziemy wspominać, jak *hyggeligt* było w piątek.

Hygge to podstawowe kryterium oceny wszelkich spotkań towarzyskich. Skarbie, sądzisz, że nasi goście się *hyggede*? *Hyggede* to czas przeszły od *hygge*. Nawet nie próbujcie tego wymówić.

HYGGE

HOO

GA

Co kilka tygodni umawiam się z kolegami na partię pokera. Moi koledzy pochodzą z różnych krajów: z Meksyku, ze Stanów Zjednoczonych, z Turcji, z Francji, z Anglii, z Indii i z Danii. Przez lata zdążyliśmy poruszyć chyba wszystkie możliwe tematy: od kobiet po sposób, w jaki można by zoptymalizować zasięg armatki na pomarańcze. Ponieważ pochodzimy z różnych krajów, porozumiewamy się oczywiście po angielsku. Od czasu do czasu wtrącamy jedno duńskie słowo. Na pewno domyśliliście się już jakie. Najczęściej używa go pochodzący z Meksyku Danny. Kiedy przegrywa, mówi zwykle: To nie ma znaczenia. Jestem tu tylko z powodu *hygge*.

Hygge jest nie tylko podstawowym kryterium oceniania spotkań towarzyskich. Jest też ważne, gdy zachwalamy takie miejsca jak kawiarnie czy restauracje. Jeśli wpiszemy w wyszukiwarkę: ładna restauracja, otrzymamy siedem tysięcy trafień. Dobra restauracja – dziewięć tysięcy sześćset trafień. Tania restauracja – trzydzieści sześć tysięcy. Restauracja, która jest *hyggelig* – osiemdziesiąt osiem tysięcy dziewięćset trafień. Tak twierdzi Google. Przewodnik *Lonely Planet* twierdzi natomiast, że Duńczycy mają obsesję na punkcie *hygge*. Wszyscy, bez wyjątku. Nawet ubrany w skórę facet na motorze poleci ci knajpę, która jest *hyggelig*.

Czy *hygge* można przetłumaczyć?

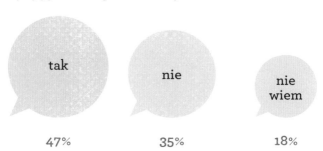

tak 47% nie 35% nie wiem 18%

Tak więc wszystko, czego się nauczyliście na kursach marketingu, okazuje się nieważne. Cena, produkt, promocja: nie mają znaczenia. Liczy się tylko *hygge*. Mieszkam w Kopenhadze. Jest tu dużo kawiarni. Jedna jest po drugiej stronie ulicy, naprzeciwko mojego domu. Kawa jest tam obrzydliwa. Smakuje jak ryba. Tak, nie przejęzyczyłem się, sam też byłem tym zdziwiony. A na dodatek kosztuje pięć euro. A mimo to zaglądam tam od czasu do czasu. Bo jest tam kominek, bardzo *hyggelig*.

Kominki nie są w Danii rzadkością. Podobnie jak świece i miłe towarzystwo. Chłodne wietrzne wieczory lubimy spędzać otuleni kocem z kubkiem gorącej herbaty w ręku. Duńczycy upierają się, że *hygge* jest pojęciem wyjątkowym, wyłącznie duńskim. Jedna trzecia z nas jest przekonana, że nie da się przetłumaczyć tego słowa na żaden inny język i że *hygge* praktykuje się wyłącznie w Danii.

Czy *hygge* praktykuje się wyłącznie w Danii?

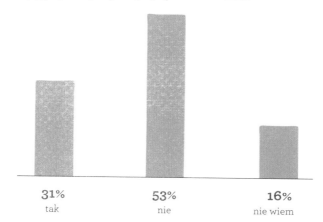

31%	53%	16%
tak	nie	nie wiem

Nie zgadzam się z tym. Duńczycy nie są jedynym narodem, który cieszy się *hygge*. Podobne pojęcia istnieją też w innych językach. Holendrzy mają *gezelligheid*, Niemcy oznaczające dobre samopoczucie *Gemütlichkeit*, mające źródło w dobrym jedzeniu i dobrym towarzystwie. Kanadyjski odpowiednik to *hominess*. Niemniej prawdą jest, że o ile podobne określenia występują także w innych językach, to tylko Duńczycy używają rzeczownika *hygge* jako czasownika. Mówią na przykład: Wpadnij do nas dzisiaj, będziemy się *hygge*. Dość wyjątkowe zastosowanie tego słowa.

Wyjątkowe jest również to, że tak dużo i często mówimy o *hygge*. Skupiamy się na samym pojęciu, uznając je za charakterystyczne dla naszej kulturowej tożsamości. *Hygge* to integralna część naszego narodowego DNA. Można powiedzieć, że dla Duńczyków *hygge* jest tym, czym dla Amerykanów wolność, dla Niemców umiłowanie porządku, a dla Brytyjczyków zadzieranie nosa.

Ponieważ *hygge* jest tak ważne dla duńskiej kultury i naszej tożsamości, mamy mnóstwo związanych z nim określeń. W języku duńskim występuje bardzo wiele bardzo skomplikowanych słów złożonych, na przykład: *speciallægepraksisplanlægningsstabiliseringsperiode* (okres planowanego stażu wdrożeniowego specjalistycznej praktyki lekarskiej). To słowo istnieje naprawdę. Składa się z pięćdziesięciu jeden liter i powinno się znaleźć na specjalnej złotej liście scrabble.

Nie inaczej jest z *hygge*. Można je dodać do niemal każdego duńskiego słowa. Mówimy, że ktoś jest *hyggespreder*, co znaczy, że zaraża *hygge*, piątkowy wieczór jest zarezerwowany na *familjehygge*, rodzinne *hygge*, nawet skarpety mogą być *hygge*. W naszym Instytucie wisi tabliczka z napisem:

„Jeśli zmarzły ci stopy, weź nasze wełniane hygge skarpety”.

CZYMŻE JEST NAZWA?

Słynny cytat z Romea i Julii Williama Shakespeare'a brzmi:
„Czymże jest nazwa? To, co zowiem różą,
Pod inną nazwą równie by pachniało...".
Myślę, że odnosi się to także do hygge.

Duńczycy nie są jedynymi ludźmi na świecie, którzy cenią dobry nastrój, dobre towarzystwo, wieczory z grzanym winem przy kominku.

Tłumaczenie duńskiego *hygge* na angielskie *cosiness* jest dość wątpliwe, ponieważ w ten sposób tracimy wiele konotacji. Ale podobne określenia znajdujemy także w innych językach*.

---

* Według autorów słownika duńsko-polskiego rzeczownik *hygge* oznacza przytulność, wygodę, miłą atmosferę, a czasownik *hygge*: miło spędzać czas (przyp. tłum.).

GEZELLIGHEID – HOLANDIA

Według słownika *gezelligheid* to coś miłego, przytulnego, ale tak naprawdę znaczenie tego słowa jest znacznie szersze.

Kiedy w 2014 roku prezydent Obama odwiedził Holandię, powiedział: Mówiono mi, że jest pewne holenderskie słowo, które oddaje ducha tego kraju, ale którego nie można przetłumaczyć na angielski. Chciałbym jednak powiedzieć, że moja pierwsza wizyta w Holandii była naprawdę *gezellig*.

Holendrzy używają określenia *gezellig* w wielu znaczeniach. Na przykład piją kawę w kawiarni, która jest szczególnie *gezellig*, przez co należy rozumieć, że ma ciepły wystrój, na stolikach palą się świeczki, a w kącie śpi kot. Szukając schronienia przed deszczem w barze, szukamy takiego, który będzie *gezellig*, to znaczy będzie w nim można kupić dobre stare piwo i posłuchać dobrej muzyki ze starych płyt. To czysta forma *gezelligheid*. Siedzenie w zimnej poczekalni u dentysty w ogóle nie jest *gezellig*, chyba że towarzyszy nam przyjaciel, który oczywiście jak najbardziej może być *gezellig*. Dostrzegacie podobieństwa między *gezelligheid* a *hygge*?

Podobieństwa rzeczywiście są, a jednak te dwa pojęcia bardzo się różnią. *Gezelligheid* odnosi się raczej do sytuacji towarzyskich, na pewno znacznie bardziej niż *hygge*. Żeby sprawdzić, czy rzeczywiście tak jest, przeprowadziliśmy test. Jego wyniki potwierdzają nasze przypuszczenia.

Duńskie *hygge* i holenderskie *gezelligheid* mają wiele podobnych cech. W obu przypadkach ważna jest główna koncepcja: świeczki, kominek, Boże Narodzenie. To podstawa – i w jednym, i w drugim przypadku. Wyniki naszych badań zdają się jednak potwierdzać, że holenderskie *gezelligheid* odnosi się raczej do aspektów towarzyskich. Większość Holendrów – pięćdziesiąt siedem procent – zgadza się ze stwierdzeniem, że *gezelligheid* doświadczamy raczej na zewnątrz, poza domem. Jeśli chodzi o *hygge*, tego zdania jest tylko dwadzieścia siedem procent Duńczyków. Sześćdziesiąt dwa procent Holendrów uważa, że okresem, który jest najbardziej *gezellig*, jest lato, Duńczycy zdecydowanie wybierają jesień.

KOSELIG – NORWEGIA

Dla Norwegów idealny świat powinien być *koselig*. Ale, jak sami podkreślają, nie wolno tego mylić z angielskim *cosiness*.

Koselig to płynące z bycia razem poczucie ciepła i pewnej intymności. Na idealny *koselig* wieczór składają się dobre jedzenie, ciepłe kolory, towarzystwo przyjaciół, kominek i przynajmniej kilka zapalonych świec.

HOMINESS – KANADA

Kanadyjskie *hominess* określa stan odcięcia od świata zewnętrznego. To poczucie wspólnoty, ciepło i bycie razem, ale odnosi się to także do rzeczy, które przypominają dom albo klimat domu. Ma więc wymiar zarówno fizyczny, jak i symboliczny. Coś może być *homey*, bo jest autentyczne, prawdziwe, ale też dlatego, że daje nam poczcie bezpieczeństwa, ciepła, wspólnoty.

GEMÜTLICHKEIT – NIEMCY

Niemieckie określenie *Gemütlichkeit* odnosi się do poczucia bliskości, przyjaźni, ciepła, często używa się go, opisując nastrój panujący w niemieckim ogródku piwnym. Jeśli będziecie w Niemczech podczas Oktoberfest, na pewno nieraz usłyszycie popularną piosenkę *Ein Prost der Gemütlichkeit* – toast za *Gemütlichkeit*.

Która pora roku jest najbardziej *hyggelig/gezellig*?

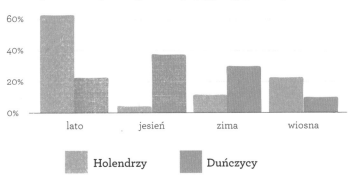

HYGGE DLA KAŻDEGO

Przedstawione powyżej różne koncepcje hygge
dowodzą, że nie tylko Duńczycy mogą go doświadczać.
Inni też – i robią to.

W różnych krajach stan ten jest określany różnie, jednak wspólne
dla wszystkich jest uczucie przyjemności, ciepła, bycia razem.
Poszczególne słowa odnoszą się do różnych działań i okoliczności,
ale wywołują podobne uczucia, które przeniknęły do koncepcji
lingwistycznych.

Duńskie *hygge* i holenderskie *gezelligheid* różnią się nieco od
innych. Są tak popularne, że stały się częścią potocznego języka
i stylu życia. Ale co nam to daje? Na to pytanie trudno odpowiedzieć.
Warto jednak wspomnieć, że z Europejskiego Sondażu Społecznego
wynika, że zarówno Dania, jak i Holandia należą do krajów,
w których najmniej ludzi deklaruje niezadowolenie z życia. Te dwa
kraje zajmują też czołowe miejsca w oficjalnych badaniach szczęścia
prowadzonych przez ONZ.

Czymże więc jest nazwa? Z jednej strony słowo samo w sobie nie
ma żadnej wartości: *hygge* działa równie dobrze jak *hominess* czy
gezelligheid. Z drugiej strony używamy nazw czy określeń po to,
żeby uchwycić uczucie przyjemności, ciepła i bycia razem, by nadać
mu bardziej określony kształt i z czasem stworzyć pojęcie, które
będzie wyróżniać naszą kulturę.

RÓŻNE JĘZYKI
MAJĄ SWOJE
UNIKALNE SŁOWA

Fin i obcokrajowiec idą przez fiński las.

Fin: Za tobą jest tokka!

Obcokrajowiec: Co takiego?

Fin: Tokka!

Nie wiem, czy po fińsku brzmi to zabawnie. Mam nadzieję, że tak. *Tokka* to po fińsku duże stado reniferów. W większości języków nie ma potrzeby odróżniania dużego stada reniferów od małego, ale w fińskim najwyraźniej taka potrzeba istnieje.

Nasz język odzwierciedla nasz świat. Nadajemy nazwy rzeczom, które widzimy, które są dla nas ważne. To nic nowego. W latach osiemdziesiątych XIX wieku antropologa Franza Boasa, który badał życie żyjących w północnej części Kanady Inuitów, zaintrygował ich język. Występowały w nim takie określenia, jak: *aqilokoq*, które oznaczało łagodnie padający śnieg, i *piegnartoq*, co z kolei oznaczało śnieg, po którym można jeździć saniami.

Hipoteza Sapira-Whorfa głosi, że język, którego używamy, odzwierciedla to, jak odbieramy świat wokół nas, ale też wpływa na nasz sposób myślenia i na to, jakie działania podejmujemy. Czy doświadczalibyśmy miłości, gdyby słowo miłość nie istniało? Oczywiście, że tak. A jak wyglądałby świat, gdyby nie było słowa, które oznaczałoby małżeństwo? Słowa i język kształtują nasze nadzieje i marzenia, a nasze marzenia wpływają na to, jak zachowujemy się dzisiaj.

To, czy śnieg jest świeży, czy stary, skłania do podjęcia różnych działań. Europejczycy potraktowaliby je zapewne tak samo. Przykład ten pokazuje, że jakiś lud może mieć potrzebę rozróżniania w języku rodzajów śniegu.

Jedna z odpowiedzi na pytanie, dlaczego te szczególne nieprzetłumaczalne słowa powstają, brzmi: dlatego, że jesteśmy częścią szczególnej kultury, mamy własne tradycje i modele zachowań. Żeby je nazwać, potrzebujemy odpowiednich słów. Niektóre z nich łatwo przetłumaczyć, szczególnie jeśli dotyczą rzeczy, które widać, których można dotknąć. Wskazujemy na psa i mówimy: *dog*, *perro* czy *hund*. Pies to pies, nieważne, czy to pies z Anglii, Gwatemali czy Danii. Ale jest też bardzo dużo słów, które są nieprzetłumaczalne, nawet jeśli znaczenie niektórych z nich można wyjaśnić, używając prostego zwrotu, na przykład *tokka* – duże stado reniferów.

Gdy słowo określa coś bardziej nieuchwytnego, trudniej je przetłumaczyć. Badając szczęście, często staję przed tym problemem. Podobnie jest z *hygge* rozumianym jako pojęcie. W tej książce będę chciał opisać pewne rzeczy, doświadczenia czy chwile, które są związane z *hygge*, żeby łatwiej wam było zrozumieć, co to dokładnie znaczy.

DZIESIĘĆ UNIKALNYCH SŁÓW I OKREŚLEŃ Z CAŁEGO ŚWIATA

IKTSUARPOK

Inuicki: przeczucie, że ktoś się zbliża, które sprawia, że człowiek wygląda przez okno.

FRIOLERO

Hiszpański: osoba bardzo wrażliwa na zimno.

CAFUNÉ

Brazylijski portugalski: delikatna pieszczota, głaskanie włosów ukochanej osoby.

HANYAUKU

Rukwangali, Namibia: Chodzenie na palcach po gorącym piasku.

BUSAT

Sami, północna Skandynawia:
Byk renifera z jednym ogromnym
jądrem.

UTEPILS

Norweski: picie piwa
na dworze w słoneczny
dzień.

TSUNDOKO

Japoński: namiętne
kupowanie książek,
których się nie czyta.

SCHILDERWALD

Niemiecki: ulica, na której
jest tyle znaków drogowych,
że można się zgubić.

RIRE DANS SA BARBE

Francuski: śmiać się w brodę cicho,
wspominając coś, co się kiedyś
wydarzyło.

GATTARA

Włoski: stara kobieta
poświęcająca życie kotom.

SŁOWNICZEK *HYGGE*

Słowa kształtują nasze działania. Oto kilka słów, które pozwolą wam się wczuć w atmosferę hygge.

Fredagshygge/Søndagshygge [*fredashyge/syndashyge*]

Hygge, którego doświadczamy w piątki i w niedziele. Po długim tygodniu piątkowe *hygge* oznacza zwykle rodzinne oglądanie telewizji. Niedzielne *hygge* oznacza dzień na luzie, z kubkiem herbaty w ręku, książką, muzyką, z kocem na ramionach, i może jeszcze wybranie się na spacer.

> *„Piątkowe* hygge *oznaczało zwykle rodzinne jedzenie słodyczy i oglądanie filmów Disneya".*

Hyggebukser [*hygebukso*]

Wygodna, ulubiona para spodni, których nigdy nie włożylibyśmy, wychodząc na dwór.

> *„Chciała mieć cały dzień dla siebie, została w domu, włożyła stare* hygge-*spodnie, nie umalowała się i cały dzień oglądała stare filmy".*

Hyggehjørnet [*hygejyrnet*]

Być w nastroju do *hygge*, dosłownie w „kącie *hygge*".

> *„Jestem dzisiaj w* hyggehjørnet".

Hyggekrog [*hygekrou*]

Kąt w kuchni albo w salonie, w którym można się zaszyć i spędzić czas *hyggeligt*.

> *„Siedzę w swoim* hygge-kąciku".

Hyggeonkel [*hygeunkel*]

Ktoś, kto chętnie bawi się z dziećmi i je rozpuszcza. Dosłownie: *hygge*-wujek.

❚❚ *„Prawdziwy* hyggeonkel *z niego".*

Hyggesnak [*hygesnak*]

Sympatyczna rozmowa o niczym istotnym.

❚❚ *„Przez kilka godzin rozmawialiśmy sobie* hyggeligt".

Hyggestund [*hygestun*]

Chwila *hygge.*

❚❚ *„Nalał sobie do filiżanki kawy i usiadł przy oknie. Prawdziwy* hyggestund".

Uhyggeligt [*uh-hygelit*]

Słowa *hygge* i *hyggeligt* trudno przetłumaczyć na angielski. Ich antonimu to nie dotyczy. *Uhyggeligt* znaczy: straszny, nieprzyjemny. Dowodzi to, jak ważne w *hygge* jest poczucie bezpieczeństwa.

❚❚ *„Idąc sama nocą przez las, czuła się bardzo* uhyggeligt, *szczególnie kiedy zahuczała sowa".*

Jak powiedziała moja przyjaciółka w domku w lesie: ten wieczór byłby jeszcze bardziej *hyggelig*, gdyby na dworze rozszalała się burza śnieżna. Być może *hygge* staje się jeszcze bardziej *hygge*, kiedy pojawia się element zagrożenia: burza, sztorm, straszny film.

SKĄD SIĘ WZIĘŁO
SŁOWO *HYGGE*?

———

W pisanym języku duńskim słowo hygge *pojawiło się
po raz pierwszy na początku XIX wieku, ale pochodzi
z norweskiego.*

Od roku 1397 do roku 1814 Dania i Norwegia były jednym
królestwem. Duński i norweski są językami nordyckimi, więc
Norwegowie i Duńczycy rozumieją się nawzajem.

Oryginalne norweskie słowo oznacza dobre samopoczucie,
ale pochodzi od XVI-wiecznego słowa *hugge*, obejmować się.
Jego pochodzenie jest nieznane. Być może wywodzi się ze
staronorweskiego słowa *hygga*, pocieszać, które z kolei pochodzi
od germańskiego słowa *hugr*, nastrój. Ono zaś wywodzi się
z germańskiego *hugjan*, które jest powiązane ze staroangielskim
hycgan, myśleć, rozważać. Co ciekawe, wszystkie te pojęcia
– rozważanie, nastrój, pocieszanie, obejmowanie się i dobre
samopoczucie – to elementy dzisiejszego *hygge*.

DOBRA RADA: WPLATAJ DUŃSKI

Zacznij używać duńskiego słowa *hygge*: zaproś gości na *hygge*
wieczór. Twórz nowe słowa. Powieś Manifest *hygge* na lodówce,
niech codziennie przypomina ci o *hygge*.

GLOBALNA ROZMOWA O *HYGGE*

―――――――――

Hygge *wydaje się obecnie najbardziej popularnym tematem rozmów.*

„*Hygge*: Lekcja ciepła z Danii" – to tytuł audycji nadawanej przez BBC. „Pozwól sobie na trochę przyjemności: poznaj duńską sztukę *hygge*", czytamy w „The Telegraph", a w Morley College w Londynie uczy się studentów, jak przeżywać *hygge*. W cukierni Hygge Bakery w Los Angeles sprzedaje się duńskie *romkugler*, czekoladowe kuleczki o smaku rumu, wymyślone przez duńskiego cukiernika, który postanowił w ten sposób wykorzystać pozostałości po innych wypiekach. Zaś z podręcznika *O duńskim wychowaniu* dowiecie się, jak stosować *hygge*, żeby wychować najszczęśliwsze dzieci na świecie.

MANIFEST *HYGGE*

1. ATMOSFERA

Wyłącz światło.

2. TU I TERAZ

Bądź tu i teraz. Wyłącz komórkę.

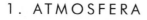

3. PRZYJEMNOŚCI

Kawa, czekolada, ciasteczka, cukierki!
Jeszcze! Jeszcze! Jeszcze!

4. RÓWNOŚĆ

Nie ja, tylko my. Dzielcie się
obowiązkami i czasem antenowym.

5. WDZIĘCZNOŚĆ

*Bądź otwarty. Może tak jest
najlepiej.*

6. HARMONIA

*Rywalizacja jest niepotrzebna.
Lubimy cię. Nie przechwalaj się swoimi
osiągnięciami.*

7. KOMFORT

*Poczuj się dobrze.
Zrób sobie przerwę. Odpręż się.*

8. SPOKÓJ

*Żadnych dramatów. O polityce
porozmawiamy innym razem.*

9. BYCIE RAZEM

*Nawiązuj relacje i snuj opowieści.
„Pamiętasz, jak…".*

10. SCHRONIENIE

*To jest twoje plemię.
Twoje bezpieczne miejsce.*

ROZDZIAŁ TRZECI

———

BYCIE RAZEM

JAK UŚCISK BEZ DOTYKU

———————————

Co roku jeździmy z przyjaciółmi na narty w Alpy –
ostatnim razem ktoś nawet zabrał świece. Wszyscy
lubimy prędkość, dreszcz emocji, płynny ruch
i pokonywanie stoku, lecz dla mnie najlepszą porą dnia
są te godziny, kiedy już wrócimy do naszej chaty.

Bolą cię stopy, czujesz się zmęczony, obolały, znajdujesz na
balkonie leżak, a dobiegający gdzieś z głębi mieszkania odgłos
nalewania Grand Marnier mówi ci, że kawa jest gotowa. Na balkon
przychodzą kolejne osoby, wszyscy jesteśmy w strojach narciarskich,
zbyt zmęczeni, żeby się przebrać. Zbyt zmęczeni na rozmowę, na
cokolwiek, ale zadowoleni ze swojego milczącego towarzystwa.
Kontemplujemy piękno gór i oddychamy świeżym górskim
powietrzem.

Na wykładach na temat badań nad szczęściem proszę słuchaczy,
żeby zamknęli oczy i pomyśleli o ostatnim razie, kiedy naprawdę
czuli się szczęśliwi. Niekiedy wywołuje to lekki niepokój, ale
zapewniam, że nikt nie będzie musiał się dzielić wspomnieniami
z resztą audytorium. Zawsze jestem w stanie niemal idealnie
uchwycić moment, kiedy wspomnienia szczęśliwych chwil pojawiają
się w myślach moich słuchaczy: salę rozświetlają błogie uśmiechy.
Kiedy proszę, żeby podnieśli ręce ci, którzy we wspomnieniach są
z kimś, zwykle rękę podnosi dziewięć z dziesięciu osób.

To oczywiście nie jest metoda naukowa i niczego to nie dowodzi,
ale pozwala ludziom powiązać wspomnienia i uczucia z suchymi
danymi statystycznymi, którymi ich zaraz zasypię. A robię to

dlatego, że najlepszym wskaźnikiem tego, czy jesteśmy szczęśliwi, czy nie, są nasze relacje społeczne. Wskazują na to wszystkie moje badania. To najwyraźniejsza i najczęściej powracająca prawidłowość wyłaniająca się z badań nad przyczynami tego, że niektórzy ludzie są szczęśliwsi niż inni.

Pytanie brzmi więc: jak kształtować społeczeństwa i życie tak, żeby nasze relacje społeczne kwitły. Oczywiście jedną z odpowiedzi jest dbanie o zdrową równowagę między pracą a życiem osobistym. Także pod tym względem wielu patrzy na Danię z zazdrością. „Nie zaskakuje nas wiadomość z ostatniego tygodnia, że Duńczycy zajmują czołową pozycję w pierwszym ONZ-owskim Światowym Raporcie Szczęścia" – napisała Cathy Strongman w „Guardianie". Sama wraz z mężem i córką trzy lata temu przeniosła się z londyńskiego Finsbury Park do Kopenhagi.

*Jakość naszego życia poprawiła się niepomiernie,
a miejsce naszej niegdysiejszej niewzruszonej
lojalności wobec Londynu zajął nieco
zawstydzający entuzjazm dla wszystkiego,
co dansk. Największa zmiana dokonała się
w proporcjach między czasem pracy i czasem
życia osobistego. Wcześniej udawało nam się
czasem zjeść razem obiad, gdy Duncan około
dziewiątej wieczorem wymknął się z pracy.
Teraz regularnie wstaje od biurka o piątej. Po
wpół do szóstej biuro zamienia się w kostnicę.
Jeśli przyjdziesz do pracy w weekend, Duńczycy
uznają, że zwariowałeś. Chodzi o to, żeby rodzina
codziennie miała czas na rozrywkę. Duncan kąpie
i kładzie do łóżka naszą czternastomiesięczną
córeczkę Liv, niemal co wieczór. Są najlepszymi
kumplami, nie obcymi sobie ludźmi, którzy
w weekend próbują odnowić znajomość.*

Cathy Strongman, „Guardian"

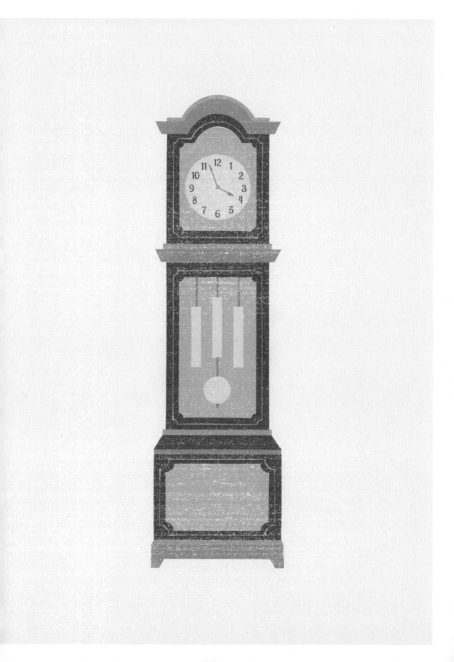

Ktoś porównał kiedyś duńskie miejsce pracy do czołówki *Flintstone'ów*: nadchodzi piąta po południu i wszyscy wychodzą, zanim zdążysz powiedzieć Yabba dabba doo! Ci, którzy mają dzieci, zwykle wychodzą o czwartej, bezdzietni – o piątej. Jeśli w zespole są ludzie mający dzieci, jako menedżer staram się nie rozpoczynać spotkań o takiej godzinie, żeby miały się skończyć po czwartej. Chodzi o to, żeby rodzice mogli odebrać dzieci o tej samej porze co zwykle.

Mniej więcej sześćdziesiąt procent Europejczyków spotyka się z przyjaciółmi, rodziną czy kolegami co najmniej raz w tygodniu. W Danii ten odsetek wynosi siedemdziesiąt osiem procent. Chociaż w samotności *hygge* też jest możliwe, najczęściej mamy z nim do czynienia, kiedy spotykają się małe grupy bliskich przyjaciół i członków rodziny.

Hygge to także spokój i troska o innych. *Hygge* jest wtedy, kiedy nikt nie rości sobie pretensji do bycia w centrum uwagi i nie usiłuje zdominować rozmowy. Równość – cecha głęboko zakorzeniona w duńskiej kulturze – jest ważnym elementem *hygge*. Oznacza to między innymi, że wszyscy wypełniają wspólne obowiązki. Zamiast zostawiać gospodarza samego w kuchni, wszyscy pomagają przy szykowaniu posiłku. Wtedy jest o wiele bardziej *hyggeligt*.

Kiedy spędzamy czas z innymi, tworzy się ciepła, relaksująca i serdeczna atmosfera. Zapewnia to poczucie bliskości, wygody, przytulności i bycia mile widzianym. Pod wieloma względami przypomina to dobry uścisk, lecz bez kontaktu fizycznego. To sytuacja, kiedy możemy się odprężyć i po prostu być sobą. A więc sztuka *hygge* to też sztuka rozszerzania własnej strefy komfortu, tak by obejmowała także innych ludzi.

CO MIŁOŚĆ MA Z TYM WSPÓLNEGO?*. OKSYTOCYNA

Ktoś kładzie nam rękę na ramieniu, całuje nas, pieści nasz policzek i natychmiast czujemy się spokojniejsi i szczęśliwsi. Tak działa nasze ciało i to jest cudowne. Dotyk wyzwala neurohormon zwany oksytocyną, który sprawia, że czujemy się szczęśliwi, i redukuje stres, niepokój i ból.

Kiedy doświadczamy przyjemności będącej wynikiem tego, że w naszym organizmie wydziela się oksytocyna? Powszechnie uważa się, że uściski czynią nas szczęśliwszymi. To prawda – oksytocyna zaczyna się wydzielać w sytuacjach intymnych i pomaga nam łączyć się z innymi. Dlatego bywa nazywana hormonem przytulania albo hormonem miłości. *Hygge* zakłada pewien stopień intymności, często łączy się z przytulaniem, z czyimś towarzystwem, które sprawia, że w naszym organizmie zaczyna się wydzielać oksytocyna. Tulenie psa lub kota przynosi takie same efekty jak tulenie innego człowieka: czujemy miłość, ciepło i bezpieczeństwo, trzy kluczowe elementy *hygge*. Oksytocyna wydziela się, kiedy jesteśmy fizycznie blisko innej osoby. Można powiedzieć, że to rodzaj spoiwa społecznego, ponieważ dzięki współdziałaniu, zaufaniu i miłości utrzymuje wspólnotę. Być może dlatego Duńczycy tak bardzo ufają obcym. *Hygge* to dla nich codzienność, a działania, które są *hyggelige*, wyzwalają wydzielanie się oksytocyny, która z kolei osłabia wrogość i wzmacnia więzi społeczne. Także poczucie ciepła i sytości powoduje wydzielanie się oksytocyny. Dobre jedzenie, świece, kominek i ciepły koc to stałe elementy *hygge*. Można powiedzieć, że w pewnym sensie *hygge* to oksytocyna. Ale czy to naprawdę takie proste? Być może nie jest dziełem przypadku, że wszystko, co się łączy z *hygge*, daje nam poczucie szczęścia, spokoju i bezpieczeństwa.

---

* *What's Love Got To Do With It?* – tytuł piosenki Tiny Turner (przyp. tłum.).

HAPPY TOGETHER –
SZCZĘŚLIWI RAZEM*

Bycie z innymi to kluczowy element hygge, *lecz jako badacz szczęścia mogę też zaświadczyć, że możliwe, że jest to także najważniejszy składnik szczęścia. Wśród badaczy szczęścia i naukowców panuje dość powszechna zgoda co do tego, że relacje społeczne stanowią podstawę ludzkiego szczęścia.*

Według opracowanego na zlecenie Organizacji Narodów Zjednoczonych Światowego Raportu Szczęścia „podstawowy standard życia ma zasadniczy wpływ na to, czy czujemy się szczęśliwi, lecz po osiągnięciu niezbędnego poziomu zależy to już raczej od tego, jakie relacje łączą nas z innymi ludźmi, niż od dochodów".

Znaczenie relacji z innymi doprowadziło nawet do tego, że podjęto próby wycenienia ich w kategoriach finansowych. „Metkowanie przyjaciół, krewnych i sąsiadów: wycena relacji społecznych przy użyciu sondaży zadowolenia z życia" – to tytuł badania przeprowadzonego w 2008 roku w Wielkiej Brytanii. Jego wyniki wskazują, że intensyfikacja życia towarzyskiego może powodować wzrost zadowolenia z życia równoważny temu, który wywołałby dodatkowy dochód w wysokości osiemdziesięciu pięciu tysięcy funtów rocznie.

Związek między naszymi relacjami z innymi a szczęściem widać w wielu danych sondażowych, zarówno globalnych, jak i dotyczących samej Danii. Przykładem może być badanie, które kilka lat temu

---

* Tytuł filmu Kar Wai Wonga (przyp. tłum.).

przeprowadził Instytut Badań nad Szczęściem w Dragør, niewielkim miasteczku pod Kopenhagą.

We współpracy z radą miejską staraliśmy się zmierzyć zadowolenie z życia mieszkańców i wspólnie wypracować rekomendacje dotyczące tego, jak podnieść jakość ich życia. Częścią badania był sondaż, który miał pokazać, w jakim stopniu ludzie są zadowoleni ze swoich relacji społecznych – oczywiście badaliśmy również ogólne poczucie szczęścia. Znaleźliśmy – jak zawsze zresztą – bardzo silną korelację. Im bardziej ludzie są zadowoleni ze swoich relacji społecznych, tym szczęśliwsi czują się ogólnie. Jak już wspomniałem, relacje międzyludzkie są zwykle najlepszym wskaźnikiem tego, czy ktoś czuje się szczęśliwy, czy nie. Jeśli nie mogę spytać ludzi wprost, jak bardzo są szczęśliwi, pytam ich, w jakim stopniu są zadowoleni ze swoich relacji społecznych. I to daje mi odpowiedź.

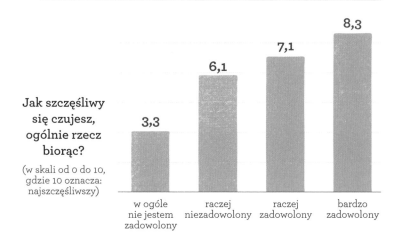

Jak szczęśliwy się czujesz, ogólnie rzecz biorąc?

(w skali od 0 do 10, gdzie 10 oznacza: najszczęśliwszy)

3,3	6,1	7,1	8,3
w ogóle nie jestem zadowolony	raczej niezadowolony	raczej zadowolony	bardzo zadowolony

W jakim stopniu jesteś zadowolony ze swoich relacji z innymi?

Ogólne zadowolenie z relacji z innymi to jedno. Cieszenie się dobrym towarzystwem na co dzień – to co innego. W tym przypadku metoda rekonstrukcji dnia opracowana przez psychologa Daniela Kahnemana, laureata Nagrody Nobla, może rzucić pewne światło na efekt *hygge*. Jego metoda polega na skłanianiu badanego do przypomnienia sobie, jak wyglądał jego dzień, i ocenienia, w jakim stopniu czuł się zadowolony, zirytowany lub przygnębiony w trakcie wykonywania poszczególnych codziennych czynności.

W klasycznym już dziś badaniu z 2004 roku grupa naukowców z Princeton pod kierunkiem doktora Kahnemana przeprowadziła eksperyment z udziałem dziewięciuset dziewięciu kobiet z Teksasu. Miały one w dość obszernym dzienniczku opisać szczegółowo, co robiły poprzedniego dnia, o której godzinie i w czyjej obecności, i ocenić w siedmiopunktowej skali, jak się czuły w czasie wykonywania każdej z czynności. Ustalenia zespołu badaczy raczej nie zaskakują: dojazd do pracy, zajęcia domowe i stawanie przed obliczem szefa należą do czynności najmniej przyjemnych, zaś seks, życie towarzyskie, jedzenie i odpoczynek są najprzyjemniejsze. Oczywiście życie towarzyskie, jedzenie i odpoczynek są także najważniejszymi składnikami *hygge*.

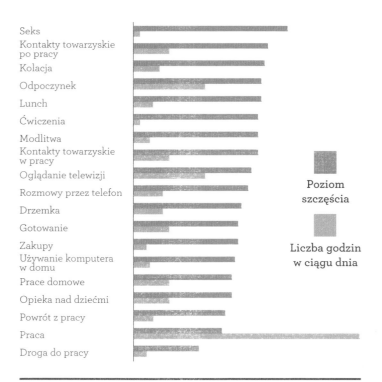

Seks
Kontakty towarzyskie po pracy
Kolacja
Odpoczynek
Lunch
Ćwiczenia
Modlitwa
Kontakty towarzyskie w pracy
Oglądanie telewizji
Rozmowy przez telefon
Drzemka
Gotowanie
Zakupy
Używanie komputera w domu
Prace domowe
Opieka nad dziećmi
Powrót z pracy
Praca
Droga do pracy

Poziom szczęścia

Liczba godzin w ciągu dnia

Źródło: Kahneman i in., „Sondażowa metoda opisu doświadczeń życia codziennego. Metoda rekonstrukcji dnia", 2004.

Zgodnie z hipotezą przynależności mamy podstawową potrzebę nawiązywania więzi z innymi ludźmi, a bliskie, serdeczne relacje mają zasadniczy wpływ na nasze motywacje i zachowania. Za słusznością tej hipotezy przemawia fakt, że na całym świecie ludzie rodzą się ze zdolnością i motywacją do tworzenia bliskich relacji, niechętnie zrywają więzi już istniejące, a ludzie pozostający w związku małżeńskim lub w związkach nieformalnych żyją dłużej, choć to ostatnie jest po części wynikiem wzmocnienia systemu odpornościowego.

„Relacje społeczne mają wpływ na to, czy czujemy się szczęśliwi – no cóż, dzięki za odkrycie!". Rzeczywiście, dla naukowca może to być frustrujące: poświęcił lata na badanie, dlaczego jedni ludzie są szczęśliwsi niż inni, i wreszcie znajduje odpowiedź, którą skądinąd wszyscy dobrze znamy. Tym niemniej mamy teraz liczby, dane i obserwacje potwierdzające tę koncepcję i możemy – a nawet powinniśmy – zrobić z nich użytek, kształtując odpowiednio politykę, społeczeństwo i życie.

Jesteśmy stworzeniami społecznymi. Jak wielkie ma to znaczenie, widać wyraźnie, kiedy porównujemy satysfakcję czerpaną przez ludzi z relacji z innymi z ich ogólnym zadowoleniem z życia. Najważniejszymi relacjami społecznymi są te bliskie, te, dzięki którym przeżywamy coś razem z innymi, doświadczamy zrozumienia, dzielimy myśli i odczucia, te, w których każdy daje i otrzymuje wsparcie. Jednym słowem: *hygge*.

Być może dlatego Duńczycy, gdy szukają *hygge*, wybierają raczej węższe kręgi przyjaciół. Oczywiście można spędzić czas *hyggeligt* także w większym gronie, ale dla Duńczyków *hygge* to raczej mniejsza grupa. Blisko sześćdziesiąt procent pytanych przez nas ludzi uważa, że najbardziej *hygge* są spotkania z udziałem trzech, czterech osób.

Ilu ludzi potrzeba do *hygge*?

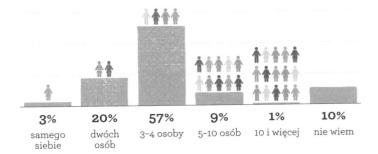

3%	**20%**	**57%**	**9%**	**1%**	**10%**
samego siebie	dwóch osób	3-4 osoby	5-10 osób	10 i więcej	nie wiem

CIEMNA STRONA
HYGGE

Przebywanie z bliskimi przyjaciółmi, w dobrze zżytej grupie, w której wszyscy znają się jak łyse konie, i to od zawsze, ma wiele zalet.

W ostatnich latach doszedłem jednak do wniosku, że taki społeczny pejzaż ma też poważną wadę: w takim układzie niezbyt łatwo przyjmuje się nowych. Każda spotkana przeze mnie osoba, która przeniosła się do Danii, mówi mi to samo. Bardzo trudno jest wniknąć w kręgi towarzyskie. Wymaga to wielu lat usilnych starań i dużej wytrwałości.

Trzeba przyznać, że Duńczycy nie są dobrzy w zapraszaniu do kręgu przyjaciół nowych osób. Po części wynika to z koncepcji *hygge*: byłoby mało *hyggeligt*, gdyby zbyt wielu nowych ludzi pojawiło się przy jednej okazji. Zatem wejście do kręgu towarzyskiego wymaga mnóstwa starań i mnóstwa samotności po drodze. Według mojego przyjaciela, Jona, dobra strona tego jest taka, że „kiedy raz znajdziesz się w środku, to już tam zostajesz". Kiedy w końcu uda nam się przełamać bariery, możemy być pewni, że zawarliśmy przyjaźń na całe życie.

HYGGE – ŻYCIE TOWARZYSKIE DLA INTROWERTYKÓW

W trakcie przygotowań do pisania tej książki prowadziłem wykłady dla grupy amerykańskich studentów, którzy spędzali semestr w Kopenhadze. Często traktuję wykłady jako okazję do zbierania materiałów i inspiracji do tego, nad czym akurat pracuję. Tak też było tym razem: naprowadziłem ich na temat związku między dobrostanem a hygge.

Rękę podniosła studentka, która podczas wcześniejszych dyskusji nie zabierała głosu. „Jestem introwertyczką – powiedziała. – Dla mnie *hygge* to cudowna rzecz". Chodziło jej o to, że w Stanach zwykle uczestniczyła w imprezach towarzyskich z udziałem mnóstwa ludzi: szybko nawiązywane kontakty i szybkie zachwyty. Krótko mówiąc: królestwo ekstrawertyków. W Danii stwierdziła, że tutejszy sposób organizowania życia towarzyskiego odpowiada jej znacznie bardziej – i że *hygge* to najlepsza rzecz, jaka może się trafić introwertykowi. To niewycieńczający sposób na bycie towarzyskim. Musiałem przyznać, że dawno się nie zetknąłem z tak głęboką obserwacją. Obiecałem autorce, że zacytuję ją w książce.

Wiadomo, że introwertycy czerpią energię ze swego wnętrza, ekstrawertycy zaś – z zewnętrznej stymulacji. Introwertycy są często postrzegani jako samotnicy, podczas gdy ekstrawertycy to ci, którymi powinniśmy się otaczać, jeśli chcemy się dobrze bawić. Introwersja jest często niesłusznie łączona z nieśmiałością, a przecież naprawdę istnieją towarzyscy introwertycy. Po prostu nie każda okazja towarzyska jest dobra dla każdego, niektóre mogą introwertyka wyczerpywać nadmiarem bodźców. Istnieją zresztą również spokojni ekstrawertycy.

Może zabrzmi to jak banał, ale introwertyk często woli poświęcić swój „czas towarzyski" na bycie z kimś bliskim, z kimś, kogo dobrze zna, na sensowną rozmowę lub po prostu na lekturę książki przy filiżance kawy lub herbaty. Takie sytuacje miewają wysoki wskaźnik *hygge*. Świetnie, prawda? Introwertycy są towarzyscy, lecz inaczej. Nie ma wprawdzie jednego sposobu na bycie towarzyskim, ale przeczuwamy, że są sposoby dobre i złe. To, że introwertyków wyczerpuje nadmiar bodźców z zewnątrz, nie znaczy wcale, że nie chcą przebywać w towarzystwie innych. *Hygge* to rodzaj życia towarzyskiego, które może odpowiadać introwertykom: mogą spędzić relaksujący, miły wieczór z kilkoma przyjaciółmi, bez mnóstwa ludzi i bez nadmiaru sytuacji towarzyskich. Introwertyk może woleć zostać w domu niż iść na dużą imprezę z mnóstwem nieznanych ludzi. *Hygge* jest opcją pośrednią – czymś między życiem towarzyskim a odpoczynkiem. Pozwala połączyć te dwa światy, co jest dobrą wiadomością zarówno dla introwertyków, jak i dla ekstrawertyków, rodzajem kompromisu. Powiedzmy więc wszystkim introwertykom: nie czujcie się zakłopotani tylko dlatego, że wolicie to, co jest *hygge*. Ekstrawertykom należy zaś powiedzieć: zapalcie kilka świec, włączcie kojącą muzykę i obejmijcie swojego wewnętrznego introwertyka – tak na jeden wieczór.

WSKAZÓWKA: JAK TWORZYĆ WSPOMNIENIA

Powszechnie wiadomo, że we wspomnieniach najlepsze jest ich tworzenie. Zacznij robić coś nowego z przyjaciółmi lub z rodziną. Możecie grać w karty w każdy pierwszy piątek miesiąca albo celebrować letnie przesilenie nad morzem, albo robić cokolwiek innego, co was połączy dzięki temu, że dostarczy wam sensownego zajęcia. To coś po jakimś czasie stanie się tradycją i zwiąże was ze sobą jeszcze mocniej.

ROZDZIAŁ CZWARTY

POTRAWY I NAPOJE

JESTEŚ TYM, CO JESZ

Myślę, że gdyby hygge *było osobą, byłoby Hugh Fearnleyem-Whittingstallem z River Cottage. Ze swoim luźnym, prostym podejściem do życia jest on ucieleśnieniem wielu kluczowych elementów składających się na* hygge. *Wydaje się też rozumieć znaczenie dobrego jedzenia w miłym towarzystwie.*

W ostatnich latach dużo się mówi o nowej kuchni skandynawskiej. Szczególnie po tym, jak otwarta w 2003 roku NOMA przez cztery lata z rzędu, począwszy od roku 2010, była uznawana za najlepszą restaurację roku. Owszem, żywa krewetka posypana mrówkami może trafić na czołówki gazet, ale nie ma wiele wspólnego z codzienną kuchnią duńską. Tradycyjny duński lunch to potężna kanapka, tradycyjne duńskie *smørrebrød*. Może być z marynowanym śledziem albo z *leverpostej*, duńskim pasztetem z wieprzowej wątróbki z dodatkiem smalcu. Podejrzewam, że w tym momencie niektórzy z was mogli już zacząć tęsknić za wspomnianymi mrówkami. A co Duńczycy jadają na obiad? „50 dań z mięsa i ziemniaków" – to doskonały tytuł dla tradycyjnej duńskiej książki kucharskiej. Duńczycy kochają mięso. Każdy Duńczyk zjada średnio około czterdziestu ośmiu kilogramów mięsa rocznie – nie wliczając szynki, którą każdy Duńczyk oczywiście uwielbia.

Wysoka konsumpcja mięsa, słodyczy i kawy ma bezpośredni związek z *hygge*. Bo *hygge* zakłada, że jesteśmy dla siebie mili i nie żałujemy sobie ani innym niczego dobrego, nawet jeśli jest to sprzeczne z zasadami zdrowego żywienia. Słodycze są *hyggelige*.

Ciasto też jest *hyggelig*. Nie mówiąc już o kawie i czekoladzie. Kawałki marchewki są znacznie mniej *hyggelige*. Coś grzesznego to integralny składnik rytuału *hygge*. Nie może to jednak być nic ekstrawaganckiego ani niezwykłego. Foie gras nie jest *hyggelig*. Ale gęsty gulasz – owszem. Prażona kukurydza też jest *hyggelig*. Szczególnie jeśli jemy ją ze wspólnego kubełka w towarzystwie kogoś miłego.

ZGRZESZMY RAZEM

Kilka lat temu odwiedziłem znajomego. Jego córeczka miała wtedy cztery latka. Kiedy zasiedliśmy do obiadu, spytała mnie: Czym się zajmujesz?

Staram się dociec, co czyni ludzi szczęśliwymi, odpowiedziałem.

To proste – roześmiała się. Słodycze – powiedziała i wzruszyła ramionami. Jeśli chodzi o szczęście, nie jestem pewien, czy sprawa jest aż tak prosta, ale jeśli chodzi o *hygge*, to córeczka mojego znajomego miała dużo racji.

Duńczycy przepadają za słodyczami. Większości kojarzą się one z *hygge*: żelkowe misie, anyżkowe i lukrecjowe cukierki i *flødeboller*, czekoladowe bombki wypełnione puszystą śmietankową pianką. Według europejskiego raportu dotyczącego rynku słodyczy Duńczycy spożywają rocznie 8,2 kilograma słodyczy, dwukrotnie więcej, niż wynosi europejska średnia. Spodziewana konsumpcja w 2018 roku ma wynieść 8,5 kilograma, co pozwoli Duńczykom wyprzedzić nawet pochłaniających najwięcej słodyczy na świecie Finów. Ale Duńczycy uwielbiają nie tylko cukierki. Nie gardzą też ciastem.

Konsumpcja słodyczy

4,1kg
średnia europejska

8,2kg
średnia duńska

CIASTA

Ciasto jest zdecydowanie hyggelig. *My, Duńczycy, jemy mnóstwo ciastek. W naszym biurze ciasto to powszechny widok. Z Jonem, moim kumplem, z którym grywam w pokera, umawiam się czasem na piwo w naszym ulubionym kopenhaskim barze Lord Nelson. Rozmawiamy wtedy o* hygge *i o naszej duńskiej obsesji na punkcie ciast.*

Czasem robię rundkę po pokojach, żeby sprawdzić, czy gdzieś nie został kawałek ciasta – zwierzył mi się kiedyś Jon. To tak na co dzień, dodał, bo kiedy przychodzą klienci, zawsze kupujemy *petit fours*. Jon ma rację. Ciasta – i w ogóle wypieki – sprawiają, że wszystko staje się bardziej *hyggelig*. Poprawiają atmosferę podczas każdego spotkania, wszyscy się odprężają.

Oczywiście ciasta jada się głównie poza biurem, w domu albo w cukierni. Jedną z najbardziej popularnych jest La Glace, najstarsza duńska cukiernia, założona w 1870 roku. Wybór ciast – łącznie z tymi nazwanymi na cześć wybitnych Duńczyków, takich jak Hans Christian Andersen czy Karen Blixen – mają tam jak ze snu. Najbardziej znanym ciastkiem jest ciastko sportowca: morze bitej śmietany, której chyba raczej nie zaleca się sportowcom. Nazwa wzięła się stąd, że zostało ono wymyślone na premierę sztuki *Sportowiec* w 1891 roku. Piękne stare wnętrze, wykwintne ciasta i słodycze, arcydzieła cukiernicze, z daleka emanują *hygge*.

PAN CIASTECZKO

Podobno nasi bohaterowie dużo mówią o nas samych. Amerykanie mają Supermana, Spidermana, Batmana. A Duńczycy... no cóż, Duńczycy mają Pana Ciasteczko.

No dobrze, może i nie jest superbohaterem, ale na pewno jest równie popularny jak jego amerykańscy koledzy. *Kagemand*, Pan Ciasteczko, jest nieodzownym uczestnikiem każdych dziecięcych urodzin. Wyglądem przypomina duży piernik. Piecze się go ze słodkiego ciasta, dekoruje najróżniejszymi słodyczami, a potem wtyka w niego świeczki i małe flagi. Gdyby jeszcze dodać kilka plasterków bekonu, mielibyśmy wszystko, co typowo duńskie, w jednym miejscu. Do tradycji należy, że solenizantka czy solenizant podrzyna Panu Ciasteczko gardło, podczas gdy goście krzyczą: Wszystkiego najlepszego, kochanie! Szalenie *hyggelig*. Urodziny w stylu Nordic Noir.

WYPIEKI

Co jest typowo duńskim wypiekiem? Dunka. Który naród nazwałby swoim imieniem maślaną bułę wypełnioną gęstym kremem?

To możliwe chyba tylko w kraju, który od wieków przegrywa każdą wojnę, w której uczestniczy. Chociaż należy też zauważyć, że to, co po angielsku nazywa się Danish Pastries, w Danii nazywa się *wienerbrød*, ciasto wiedeńskie. A wszystko dlatego, że recepturę stworzyli duńscy cukiernicy, którzy w XIX wieku pracowali w Wiedniu. Niektóre *winerbrød* mają urocze nazwy, na przykład: ślimak czy złe oko piekarza, ale już po pierwszym kawałku stwierdzamy, że są pyszne i spełniają wszelkie kryteria *hygge*. Jeśli chcemy poprawić nastrój w biurze, powinniśmy krzyknąć: *Bon--kringle! Kringle* to klasyczne duńskie ciasto, a *bon* znaczy rachunek. Chodzi o to, że wydawszy w cukierni tysiąc koron na wypieki, dostaje się – po okazaniu rachunków – jedną sztukę *kringle* za darmo. To coś w rodzaju karty lojalnościowej – ale bez karty.

ZRÓB TO SAM

*Kiedy piekąc coś w domu, ubrudzisz sobie ręce, będzie
to bardzo* hyggelig, *a jeszcze bardziej* hyggelig *będzie,
jeśli ubrudzisz je sobie w towarzystwie przyjaciół
i rodziny. Mało co jest* hygge *tak bardzo jak zapach
świeżo upieczonego ciasta.*

Wynik waszych starań wcale nie musi przypominać ciasta
z filmów Disneya. Im ciasto prostsze, tym więcej w nim *hygge*. Od
jakiegoś czasu coraz bardziej popularne wśród Duńczyków stają
się wypieki na zakwasie. Długotrwały proces przygotowywania
ciasta i poczucie, że mamy do czynienia z czymś żywym, sprawiają,
że nastrój w kuchni jest szalenie *hyggelig*. Niektórzy Duńczycy
mówią o cieście na zakwasie z taką samą czułością jak o swoich
dzieciach, które trzeba karmić i o które trzeba dbać. Ciasto na
zakwasie to rodzaj jadalnego Tamagotchi.

GORĄCE NAPOJE

Mój zespół przeprowadził badania, żeby dowiedzieć się, z czym Duńczykom kojarzy się hygge. Byłem gotów postawić wszystkie pieniądze na świeczki – ale myliłem się. Świeczki były na drugim miejscu, na pierwszym były gorące napoje.

Osiemdziesiąt sześć procent Duńczyków twierdzi, że *hygge* kojarzy im się przede wszystkim z ciepłym napojem. Może to być gorąca herbata, czekolada czy grzane wino, ale najbardziej lubianym gorącym napojem jest kawa.

Jeśli oglądaliście któryś z duńskich seriali telewizyjnych, *Rząd* albo *The Killing*, to wiecie, że Duńczycy kochają kawę. W żadnym z nich nie ma chyba ani jednej sceny, w której ktoś nie prosiłby o kawę, nie parzył kawy albo nie pytał kogoś: A może kawy? Jeśli chodzi o konsumpcję kawy, Duńczycy są na czwartym miejscu na świecie. Przeciętny Duńczyk wypija o trzydzieści trzy procent więcej kawy niż przeciętny Amerykanin.

Związek między kawą a *hygge* jest w duńskim oczywisty. Wszędzie słyszymy o *kaffehygge*. Zapraszamy na *kaffehygge*! *Kaffehygge* i ciasto, gimnastyka i *kaffehygge*, robienie na drutach i *kaffehygge*. *Kaffehygge* jest wszędzie. Ma nawet swoją stronę internetową, której motto brzmi: Żyj tak, jakby jutro miało zabraknąć kawy!

Wystarczy usiąść z kubkiem gorącej kawy w ręku i od razu robi się *hyggeligt*.

UZALEŻNIENI OD *HYGGE*?

Nie można kupić szczęścia, ale można kupić ciasto, a to prawie to samo. A przynajmniej nasze mózgi tak uważają. Wyobraźcie sobie, że wchodzicie do kawiarni. Już od drzwi czujecie kuszący zapach kawy, zerkacie na leżące na ladzie słodycze i od razu czujecie się szczęśliwsi. Wybieracie swoje ulubione ciasto i już po pierwszym kęsie przepełnia was euforia. Pyszne. Ale czy zastanawialiście się kiedyś, dlaczego jedzenie słodkich potraw tak nas uszczęśliwia?

Co Duńczykom kojarzy się z *hygge*?

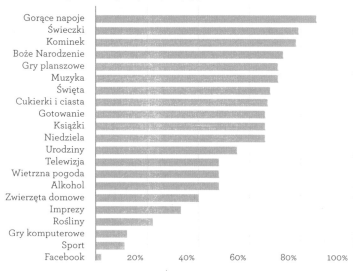

Jedno z jąder podstawowych w przedmózgowiu człowieka to jądro półleżące. Jest częścią układu nagrody, który pełni ważną funkcję, jeśli chodzi o motywację, poczucie przyjemności i kontrolowanie zachowania. Wykonując pewne czynności, na przykład jedząc czy uprawiając seks, człowiek, podobnie jak inne naczelne, odczuwa przyjemność, ponieważ właśnie te czynności są istotne dla przetrwania gatunku.

Kiedy robimy coś, co jest nagradzane, znajdujące się w mózgu neurony ośrodkowego układu nerwowego uwalniają dopaminę. Ma to miejsce w brzusznej części nakrywki mózgu, znajdującej się w pobliżu jądra półleżącego. Dopamina pobudza receptory w różnych częściach mózgu, wywołując uczucie przyjemności. Wspomnienia przyjemnych przeżyć są przechowywane w korze mózgowej. Może zabrzmi to dziwnie, ale można powiedzieć, że mózg w trosce o nasze przetrwanie tworzy warunki sprzyjające uzależnieniom.

Pierwsza rzecz, której próbujemy zaraz po urodzeniu, to słodkie mleko matki. Upodobanie do słodkich potraw umożliwia nam przetrwanie. Dlatego jedząc ciasto czy inne słodkie rzeczy, odczuwamy przyjemność. I nigdy nie mamy dosyć. Ciało nauczyło nas robić rzeczy, za które otrzymujemy nagrodę. Podobnie jest z innymi potrawami, tłustymi i słonymi.

Podsumujmy: pewne rodzaje potraw kojarzymy z uczuciem przyjemności i dlatego ciągle ich pragniemy. *Hygge* jest czymś przyjemnym, poprawia nam samopoczucie. Jeśli więc chcemy zjeść ciasto, to sięgamy po nie. Ale musimy też wiedzieć, kiedy przestać. Bo ból brzucha nie jest szczególnie *hyggelig*.

PULCHNA KUZYNKA
SLOW FOOD

Słodycze i ciasta są hyggelig. *Ale jedzenie to nie tylko* hygge, *ale też zagrożenie otyłością, bo* hygge *może też oznaczać jedzenie po to, żeby się pocieszyć. Z drugiej strony* hygge *to także slow food.*

To, czy jedzenie będzie *hyggelig*, zależy także od tego, jak będzie wyglądało przygotowanie posiłku, od tego, ile czasu na to poświęcimy i czy sprawi nam to radość. Chodzi o nasz stosunek do posiłku. Dlatego domowe dżemy są bardziej *hyggelige* niż kupne. Każda łyżeczka budzi wspomnienia letniego dnia, kiedy zrywaliśmy owoce, a w całym domu unosił się zapach truskawek.

Szczególnie zimą lubię spędzać długie sobotnie czy niedzielne popołudnia, przygotowując coś, co wymaga długiego pieczenia w piekarniku albo duszenia na wolnym ogniu. Można to przedłużyć, poprzedzając gotowanie wizytą na miejscowym targu, starannie wybierając warzywa czy zamieniając kilka słów z rzeźnikiem na temat mięsa, które poleciłby na gulasz. Tak więc stawiamy na wolnym ogniu garnek z potrawką, a sami zasiadamy z książką w swoim *hyggekrog*: toż to kwintesencja *hygge*. Jeśli wstajemy, to po to, żeby dolać do potrawki trochę czerwonego wina. Zresztą w garnku wcale nie musi się dusić mięso. Chodzi raczej o sam proces, a nie o produkt końcowy. Zeszłego lata postanowiłem zrobić limoncello. Zgodnie z przepisem skórkę cytryny należy zostawić na ponad tydzień zanurzoną w alkoholu. Ma przejść jej zapachem i kolorem. Codziennie po pracy wracałem do domu, otwierałem lodówkę i wąchałem, żeby sprawdzić, czy są postępy. Rezultat był taki sobie, ale przyjemność, jaką dawało mi śledzenie tego – to było samo *hygge*.

PRZEPISY *HYGGE*

———

*Oto kilka przepisów, które na pewno
dadzą wam dużo* hygge.

SKIBBERLABSKOVS

(SKIPOLAPSKOŁS)

GULASZ SZYPRA

To tradycyjna pożywna potrawa marynarzy, podawana na statkach.
Stąd jej nazwa. Idealna na chłodny jesienny dzień. Zamiast mostka
wołowego można użyć różnych resztek mięsa. To sprawi, że potrawa
będzie jeszcze bardziej *hyggelig*.

Porcja na 4–6 osób. Czas przygotowania: godzina i kwadrans.

750 g mostku

3 cebule

100 g masła

3–4 liście laurowe

10–12 ziaren czarnego pieprzu

1 litr bulionu z kurczaka

1,5 kg ziemniaków

sól i pieprz

garść szczypiorku

marynowane buraczki

chleb żytni

1. Posiekaj mostek w kostkę.

2. Obierz i posiekaj cebulę,

3. Rozpuść masło w rondelku z grubym dnem i zeszklij cebulę (nie może się zarumienić),

4. Dodaj mięso, liście laurowe i ziarenka pieprzu, następnie wlej do rondelka bulion. Powinien zakryć mięso i cebulę.

5. Gotuj pod pokrywką około 45 minut. Obierz ziemniaki i pokrój na niewielkie kawałki.

6. Połóż połowę ziemniaków na mięsie, przykryj garnek pokrywką.

7. Po kwadransie zamieszaj wszystko i dodaj resztę ziemniaków – jeśli trzeba, dolej trochę bulionu. Duś przez kolejne piętnaście do dwudziestu minut. Nie zapomnij często mieszać, żeby gulasz się nie przypalił. Mięso powinno się dokładnie wymieszać z ziemniakami, część ziemniaków powinna się rozgotować, część pozostać w kawałkach.

8. Przypraw do smaku solą i pieprzem. Podawaj gorący z kawałkami masła, posyp obficie szczypiorkiem, marynowanymi buraczkami i kawałkami żytniego chleba.

POLICZKI WIEPRZOWE DUSZONE W CIEMNYM PIWIE Z PURÉE Z ZIEMNIAKÓW I SELERA

To jedno z moich ulubionych zimowych dań. Wymaga długiego duszenia na wolnym ogniu, co sprawia, że jest jeszcze bardziej *hygge*. Zanim zaczniesz je przygotowywać, zaopatrz się w kieliszek wina i ulubioną książkę.

Duszone policzki wieprzowe

10–12 policzków wieprzowych

sól i pieprz

15 g masła

⅛ selera, grubo pokrojonego

1 marchew, grubo pokrojona

1 cebula, grubo posiekana

1 pomidor w ćwiartkach

½ litra ciemnego piwa lub ale

Purée z ziemniaków i selera:

750 g ziemniaków

¼ selera

200 ml mleka

25 g masła

Duszone policzki wieprzowe:

1. Osusz policzki wieprzowe kawałkiem papierowego ręcznika.

2. Rozpuść masło w garnku na średnim ogniu, dodaj mięso, obsmaż ze wszystkich stron, łącznie około 3–4 minut.

3. Dodaj seler, marchew i cebulę, a następnie pomidora.

4. Wlej piwo. W razie potrzeby dodaj trochę wody. Mięso i warzywa powinny być zakryte.

5. Zmniejsz ogień i duś około półtorej godziny, aż mięso będzie miękkie.

6. Wyjmij mięso, ale zostaw potrawkę na ogniu, żeby część sosu wyparowała, następnie przetrzyj przez sitko i dopraw.

Purée z ziemniaków i selera:

1. Pokrój ziemniaki i seler na niewielkie kawałki.

2. Gotuj ziemniaki i seler, aż będą miękkie, a potem odcedź i utłucz.

3. Podgrzej w garnku mleko, dodaj masło i wlej do utłuczonych ziemniaków i selera.

Duszone policzki wieprzowe podawaj na purée z ziemniaków i selera. Możesz dodać trochę pietruszki i trochę chleba.

BOLLER I KARRY
[BOLO I KARI]

___

DUŃSKIE KULECZKI MIĘSNE W CURRY

To tradycyjne duńskie danie, bardzo popularne wśród Duńczyków
w każdym wieku. Było to ulubione danie mojej matki. Chociaż
zmarła już dwadzieścia lat temu, nadal przyrządzam je w jej
urodziny. Czy jest lepszy sposób pamiętania o bliskich niż
przyrządzanie ich ulubionych dań? W ten sposób smutna okazja
może być całkiem *hyggelig*. Nie martwcie się, jeśli nie lubicie
ostrych potraw. To bardzo łagodne danie.
Duńskie dzieci je uwielbiają.

4 porcje. Czas przygotowania: godzina i 35 minut (w tym ta
godzina, kiedy mięso stoi w lodówce)

filiżanka okruchów chleba	**Sos curry:**
bądź 2 łyżki stołowe mąki	2 łyżki stołowe masła
1 jajko	2 czubate łyżki łagodnego
2 drobno posiekane cebule	curry
3 ząbki czosnku	1 duża posiekana cebula
sól i pieprz	1 duży posiekany por
2 kg mielonej wieprzowiny	5 łyżek stołowych mąki
4 filiżanki bulionu wołowego	100 g śmietany, 36% tłuszczu
	posiekana natka pietruszki

1. Okruchy chleba lub mąkę dobrze wymieszaj w dużej misce
   z jajkiem, cebulą, czosnkiem, solą i pieprzem. Dodaj mięso,
   jeszcze raz wszystko dobrze wymieszaj i na godzinę wstaw do
   lodówki.

2. Łyżką uformuj kuleczki. Zagotuj wodę w rondelku, dodaj bulion
   wołowy i mięsne kuleczki i gotuj 5 do 10 minut (w zależności od
   wielkości kuleczek).

3. Wyjmij kuleczki z wywaru, ale sam wywar zachowaj.

4. Rozpuść w garnku masło, dodaj curry i gotuj kilka minut. Dodaj
   posiekaną cebulę i pora i lekko podsmaż. Dodaj mąkę i dobrze
   wymieszaj. Dodaj trochę wywaru. Wlewaj go powoli i cały czas
   mieszaj, aż sos zgęstnieje. Dodaj śmietanę i mięsne kuleczki i duś
   około 12 minut.

Przybierz natką pietruszki i podawaj z ryżem.

GLØGG

(GLYG)

GRZANE WINO

Nie można sobie wyobrazić grudnia bez grzanego wina,
tradycyjnego *gløgg*. W grudniu Duńczycy spotykają się w barach
albo na przyjęciach z przyjaciółmi i rodziną i przy szklaneczce
grzanego wina życzą sobie wesołych świąt.

Esencja *gløgg*

4 garście rodzynek

300 ml porto

butelka ciężkiego czerwonego wina

250 g brązowego cukru (najlepiej z trzciny cukrowej)

20 g cynamonu

20 g przypraw korzennych (w całości)

20 g goździków (w całości)

10 g kardamonu (w całości)

Gløgg

1,5 l ciężkiego czerwonego wina

200 ml brązowego rumu

200 ml akwawitu (albo wódki)

Skórka z jednej pomarańczy

200 ml świeżo wyciśniętego soku z pomarańczy

100 g siekanych migdałów

---

1. Dzień wcześniej namocz rodzynki w porto, najlepiej na dwadzieścia cztery godziny.

2. Wlej butelkę czerwonego wina do garnka, dodaj cukier, cynamon, przyprawy, goździki i kardamon, zagrzej, ale nie doprowadzaj do wrzenia. Wyłącz, pozwól, żeby *gløgg* ostygł, przecedź.

3. Dodaj czerwone wino, alkohol, skórkę pomarańczową i sok do esencji. Ponownie podgrzej, nie dopuszczając do zagotowania, dodaj rodzynki, porto i migdały.

SNOBRØD

(SNOBRYDZ)*

PLECIONA CHAŁKA

Snobrød na pewno nie znajdziecie w karcie NOMY.
Nie jest to elegancki wypiek, ale proces jego powstawania
zapewnia dużo *hygge*, a dzieci go uwielbiają.

---

* Ostatnia głoska to jeden z najtrudniejszych do wymówienia duńskich dźwięków. Trochę przypomina wymowę angielskiego th, ale trzeba nieco bardziej wyciągnąć język.

6 sztuk

Czas przygotowania: godzina i kwadrans (w tym ta godzina, kiedy ciasto odpoczywa). Czas pieczenia zależy od ognia i cierpliwości, zwykle to około 10 minut.

25 g masła

¼ l mleka

25 g drożdży

2 łyżeczki od herbaty cukru

¾ łyżeczki od herbaty soli

400 g mąki

1. Rozpuść masło w garnku i dodaj mleko, podgrzewaj, aż zrobi się letnie. Dodaj drożdże, rozpuść je.

2. Wsyp wszystko do dużej miski i dodaj pozostałe składniki, ale trochę mąki zostaw na później. Zagnieć dobrze ciasto, włóż je ponownie do miski i zostaw na mniej więcej godzinę w ciepłym miejscu, żeby wyrosło.

3. Wyłóż ciasto na posypany mąką stół i jeszcze raz zagnieć. Dodaj resztę mąki. Podziel ciasto na sześć kawałków, każdy powinien mieć około 40 cm długości. Owiń każdy wokół dość grubego patyka.

4. Piecz ciasto nad ogniem, ale uważaj, żeby za bardzo nie zbliżać do niego patyka. Chałki będą upieczone, kiedy stukając w nie, usłyszysz głuchy dźwięk, albo kiedy z łatwością będą odchodzić z patyka.

ZAŁÓŻ WŁASNY KLUB KULINARNY

Kilka lat temu szukałem pomysłu na to, jak regularnie spotykać się z przyjaciółmi. W ten sposób powstał nasz Klub Kulinarny. Zawodowe doświadczenie podpowiadało mi, że dobre relacje mają duży wpływ na to, czy czujemy się szczęśliwi. Poza tym chciałem zorganizować wszystko tak, żebyśmy mieli z tego jak najwięcej *hygge*. Zamiast więc zamieniać się w gospodarza, postanowiliśmy podczas każdego spotkania gotować razem. Na tym polega *hygge*. Zasady naszego klubu są proste. Zawsze jest jakiś temat przewodni, na przykład kaczka albo kiełbasa. Każdy uczestnik przynosi niewielkie danie, które ma do tego pasować. W ten sposób nikt nie musi gotować dla wszystkich ani starać się okazać lepszym niż gospodarz poprzedniego spotkania.

Jeden z najbardziej *hyggelig* wieczorów spędziliśmy, robiąc kiełbasy. Przez trzy, może nawet cztery godziny mieszaliśmy mięsa, wkładaliśmy je do osłonek, a potem gotowaliśmy i smażyliśmy kiełbaski. Z dumą patrzyliśmy na piętrzący się przed nami stos. W końcu, około dziesiątej wieczorem, zasiedliśmy do stołu, głodni jak prawdziwi wikingowie. I wtedy nastąpiła katastrofa. Ugryzłem pierwszy kęs i poczułem smak – pleśni? Na pewno nie tego się spodziewałem. Ale mimo że tego wieczoru poszliśmy spać głodni, popołudnie było bardzo *hyggelig*.

ROZDZIAŁ 5

—

UBRANIE

SWOBODA TO PODSTAWA

*W Danii najważniejsza jest swoboda. Duńczycy
cenią zwyczajność, lubią nieformalną atmosferę
i nieformalny sposób ubierania się.*

Na ulicach Kopenhagi nie zobaczycie wielu trzyczęściowych
garniturów, a jeśli należycie do wielbicieli biznesowych prążków,
duński sposób ubierania się może wam się wydać wręcz niechlujny.
Po jakimś czasie przekonacie się jednak, że stylowy luz to też rodzaj
sztuki. Chcąc pogodzić jedno z drugim, wiele osób – ja także –
wybiera połączenie T-shirtu lub swetra z blezerem, najchętniej ze
skórzanymi łatami na łokciach. Pasuje to do stylu profesorskiego
i jest bardzo *hygge*. Prawdę mówiąc, niekiedy chyba trochę
przesadzam z tymi łatami, bo moi przyjaciele zaczęli żartować,
że można mnie po nich rozpoznać, kiedy stoję tyłem do nich
w zatłoczonym barze.

UBIERAĆ SIĘ JAK DUŃCZYK

Duńska moda jest schludna, minimalistyczna,
elegancka, ale nie za bardzo wymuskana. W wielu
przypadkach jest idealnym połączeniem hygge
i minimalistycznego, funkcjonalnego dizajnu.

SZALE

Szal jest czymś obowiązkowym. Dotyczy to zarówno kobiet, jak
i mężczyzn. Właściwie szal kojarzy nam się z zimą, ale często
widuje się ludzi cierpiących z powodu konieczności odstawienia
go i w związku tym usiłujących go nosić aż do świętego Jana. Jeśli
chodzi o szal, obowiązuje jedna podstawowa zasada: im większy, tym
lepiej. Owija się szyję kolejnymi warstwami, tak mocno, że niekiedy

ryzykuje się nawet uraz kręgów szyjnych. Z powodu wielkiej miłości Duńczyków do szali o duńskim serialu *Rząd* Brytyjczycy mówią „parada szali".

CZERŃ

Opuszczając kopenhaskie lotnisko, można odnieść wrażenie, że nagle trafiło się na plan filmu o ninja. W Danii wszyscy chodzą ubrani na czarno. Stylowo, monochromatycznie, każdy w każdej chwili mógłby pójść na pogrzeb Karla Lagerfelda. Latem można jednak od czasu do czasu sięgnąć po inne kolory, czasem nawet po szalone odcienie szarości.

DUŻO NA GÓRZE

Połączenie ręcznie dzierganych sweterków, swetrów, kardiganów i pulowerów z czarnymi legginsami u dziewczyn i obcisłymi dżinsami u chłopaków zapewnia równowagę między byciem modnym a *hygge*. Swetry mogą być grube, ale nigdy niechlujne, no i nie należy zapominać o szalach!

WARSTWY

Sposobem na przetrwanie czterech pór roku jednego dnia są warstwy! Zawsze zabierz ze sobą dodatkowy kardigan. Jeśli zmarzniesz, nie poczujesz *hygge*.

FRYZURA NA LUZIE

Duńczycy mają fryzury tak swobodne i na luzie, że czasem można by pomyśleć, że wynika to ze skrajnego lenistwa. Duńczyk po prostu się budzi i wychodzi z domu. Dziewczyny czasem związują włosy w luźne koki – im wyżej zamotane, tym lepiej.

SWETER SARAH LUND

Sweter rozsławiony przez Sarah Lund w duńskim serialu *The Killing* to dzisiaj prawdziwa ikona. Redakcja „Guardiana" opublikowała nawet artykuł pod tytułem „*The Killing*: sprawa swetra Sarah Lund wyjaśniona". Sweter ten stał się tak popularny, że produkująca go firma nie mogła nadążyć z zamówieniami.

Wybrała go sama Sofie Gråbøl, aktorka grająca Sarah: „Jak tylko go zobaczyłam, uznałam, że jest w stylu mojej bohaterki, która ma w sobie dużo luzu i na pewno nie włoży do pracy kostiumu". Przypominał jej dzieciństwo i rodziców hippisów, którzy nosili podobne w latach siedemdziesiątych. „To symbol bycia razem".

JAK ROBIĆ ZAKUPY?

Połącz kupowanie z jakimś miłym doświadczeniem. Ja na przykład oszczędzałem na nowe krzesło, ale postanowiłem kupić je dopiero po wydaniu pierwszej książki. Dzięki temu krzesło przypomina mi o ważnym dla mnie osiągnięciu. Tak samo możemy postąpić w przypadku swetra czy pary wełnianych skarpet. Odkładaj na nie pieniądze, ale z zakupem poczekaj na coś, co będzie naprawdę *hyggelig*. Dzięki temu za każdym razem, kiedy będziesz je nosił, przypomnisz sobie to miłe doświadczenie.

ROZDZIAŁ SZÓSTY

———

DOM

GŁÓWNA SIEDZIBA HYGGE

Duńskie seriale, takie jak Rząd, The Killing *czy* Most nad Sundem, *określane są czasem przez zagranicznych widzów jako* furniture porn*. *Większość scen kręcona jest w pięknych wnętrzach urządzonych ikonami duńskiego wzornictwa.*

Tak, to prawda, Duńczycy kochają dizajn, a odwiedzanie duńskich domów przypomina niekiedy przeglądanie magazynów wnętrzarskich.

Duńska obsesja na punkcie ładnych wnętrz ma źródło w tym, że mieszkanie to główna siedziba *hygge*. Życie towarzyskie Duńczyków koncentruje się wokół domu, podczas gdy w wielu krajach toczy się w barach, restauracjach i kawiarniach. Duńczycy najchętniej wybierają *hjemmehygge* (domowe *hygge*), po części po to, żeby uniknąć płacenia wysokich rachunków w restauracjach. Siedmiu na dziesięciu Duńczyków twierdzi, że najwięcej *hygge* jest w domu.

Gdzie doświadczasz najwięcej *hygge*?

71% w domu   **29%** poza domem

*Określenie *furniture porn* nawiązuje do popularnych sformułowań używanych w odniesieniu do sfer życia codziennego poddawanych estetyzacji: ładnie wyglądające jedzenie (*food porn*), ładne stylizacje wnętrz (*furniture porn*) czy akcesoria papiernicze (*paper porn*) – przyp. tłum.

Dlatego Duńczycy wkładają wiele wysiłku i wydają dużo pieniędzy, żeby czynić swoje domy *hyggelige*. Dania zajmuje pierwsze miejsce w Europie pod względem liczby metrów kwadratowych powierzchni mieszkalnej na jednego mieszkańca.

Liczba metrów kwadratowych przypadających na jednego mieszkańca

51	**44**	**44**	**41**	**40**	**38**
Dania	Szwecja	Wielka Brytania	Holandia	Niemcy	Francja

Którejś zimy, kiedy jeszcze byłem studentem, cały wolny czas poświęciłem na sprzedawanie choinek. Był duży mróz, ale praca mnie rozgrzewała. Wszystko, co wtedy zarobiłem, tnąc, ciosając i taszcząc choinki, wydałem na krzesło. Krzesło Shell, cudo zaprojektowane w 1963 roku przez Hansa J. Wegnera. To ikona dizajnu. Moje miało skórzaną tapicerkę w kolorze ciemnego orzecha. Dwa lata później ktoś włamał się do mojego mieszkania. I skradł moje krzesło. Nie muszę mówić, jak bardzo byłem zły, że ten piękny mebel zniknął z mojego mieszkania. Ale musiałem przyznać, że włamywacz miał dobry gust.

Prawdopodobnie najlepszym przykładem tego, czym jest duńska obsesja na punkcie dizajnu, jest skandal, który wybuchł w związku z wazonem Kähler*, czyli tak zwana afera wazonowa. Jubileuszowy wazon Kähler został wypuszczony w limitowanej edycji 25 sierpnia 2014 roku. Ponad szesnaście tysięcy ludzi usiłowało tego dnia kupić go przez internet. Większości się nie udało, a wazony szybko się rozeszły. Ponieważ strona internetowa się zawiesiła, ludzie tłoczyli się w kolejkach przed sklepami, gdzie można było je kupić. Wyglądali jak nastolatki walczące o bilety na koncert zespołu One Direction. Ograniczona edycja spotkała się z silną publiczną reakcją, oberwało się samemu producentowi. Uważacie, że brak dwudziestocentymetrowego wazonu w miedziane pasy nie jest wystarczającym powodem do takiej histerii, nawet jeśli z pewnością ładnie pasowałby do wielu duńskich domów? Być może macie rację. Pamiętajcie jednak, że Duńczycy pracują stosunkowo krótko, mają darmową służbę zdrowia, bezpłatną edukację wyższą i pięć tygodni pełnopłatnego urlopu rocznie. Niedostępność wazonu to jedna z najgorszych rzeczy, jaka nam się przydarzyła w ciągu ostatnich lat.

* Rodzinna firma założona w XIX wieku w Danii, produkująca wazony i akcesoria z ceramiki (przyp. tłum.).

LISTA ŻYCZEŃ *HYGGE*

DZIESIĘĆ RZECZY, KTÓRE SPRAWIĄ, ŻE TWÓJ DOM BĘDZIE BARDZIEJ *HYGELLIG*

1. *HYGGEKROG*

Rzeczą niezbędną w każdym domu jest *hyggekrog*, co można przetłumaczyć jako miły kącik. To miejsce w salonie, gdzie najchętniej siedziałoby się zawiniętym w koc, z książką w jednej ręce i kubkiem ciepłej herbaty w drugiej. Mój, jak już wspomniałem, został urządzony w kuchennym oknie. Ułożyłem tam kilka poduszek, koc, a nawet skórę renifera. Zdarza mi się tam pracować wieczorami. Duża część tej książki została napisana właśnie w moim *hyggekrog*.

Duńczycy uwielbiają wygodne przestrzenie. *Hyggekrog* jest równie popularny w Kopenhadze, jak i w innych częściach kraju. Chodząc ulicami miast, zauważycie, że wiele budynków ma wykusze okienne. Na pewno są obłożone poduszkami i kocykami, wśród których domownicy relaksują się po dniu pracy.

Oczywiście *hyggekrog* nie musi być urządzony na parapecie, chociaż taki parapet jest rzeczywiście wyjątkowo *hyggelig*. Może to być dowolna część pokoju, wystarczy dodać kilka poduszek lub coś, na czym się wygodnie siedzi, łagodne światło, koc – i nasz własny *hyggekrog* jest gotowy. Można w nim zasiąść wygodnie z książką i czymś do picia. Niektóre agencje nieruchomości wykorzystują *hyggekrog* jako sposób na sprzedaż mieszkań.

Nasza miłość do małych przestrzeni sięga czasów prehistorycznych, kiedy mieszkaliśmy w jaskiniach i musieliśmy bardzo uważać na otoczenie, chronić swoją gromadkę przed groźnymi zwierzętami i innymi zewnętrznymi zagrożeniami. Mieszkanie w małych przestrzeniach miało też tę zaletę, że ciepło wydzielane przez ciała mieszkańców nie rozchodziło się szybko, a dużym zwierzętom trudno było wejść do środka. Także dzisiaj jednym z powodów tego, że lubimy przebywać w swoim *hyggekrog*, jest poczucie bezpieczeństwa: obserwowanie całego pokoju lub ulicy za oknem pozwala dostrzec potencjalne zagrożenie. W *hyggekrog* odpoczywamy i kontrolujemy sytuację: nic nas nie zaskoczy.

2. KOMINEK

Jako dziecko miałem to szczęście, że w moim domu były zarówno kominek, jak i piec opalany drewnem. Zajmowałem się głównie uzupełnianiem zapasów drewna i podtrzymywaniem ognia. Wiem, że nie ja jeden. Według danych duńskiego ministerstwa środowiska w Danii jest siedemset pięćdziesiąt tysięcy kominków i pieców opalanych drewnem. Jeśli wziąć pod uwagę, że w całym kraju jest nieco ponad dwa i pół miliona mieszkań, trzy na dziesięć gospodarstw domowych są uprzywilejowane pod względem *hygge*. Dla porównania w Wielkiej Brytanii w ponad milionie domostw jest zainstalowany kominek, ale wszystkich gospodarstw domowych jest dwadzieścia osiem milionów, wychodzi więc na to, że tylko jedno na dwadzieścia osiem ma dostęp do ognia.

Gospodarstwa domowe z kominkiem bądź piecem opalanym drewnem

30%
Dania

3,5%
Wielka Brytania

Skąd ta duńska obsesja na punkcie palących się szczap? Pewnie zdążyliście się już domyślić, ale czy rzeczywiście wszystko sprowadza się do *hygge*? Co prawda badania przeprowadzone na Uniwersytecie w Aarhus pokazują, że Duńczycy wybierają piece, bo chcą mieć tańsze źródło ciepła, ale powodem wymienianym jako najważniejszy jest właśnie *hygge*. Sześćdziesiąt sześć procent respondentów wymieniło go jako pierwszy. Jeśli zapytać Duńczyków, czy kominki są *hyggelig*, siedemdziesiąt procent odpowie, że tak. Jeden z badanych określił je jako najbardziej *hyggelige* obiekty sztuki użytkowej, jakie kiedykolwiek powstały.

Można uczciwie powiedzieć, że kominek to samo serce *hygge*. To miejsce, gdzie można zasiąść samemu i rozkoszować się przytulnością i ciepłem lub siedzieć z bliskimi i jeszcze bardziej być razem.

3. ŚWIECE

Bez świec nie ma *hygge*. Jeśli kogoś to dziwi, proszę wrócić do rozdziału czwartego.

4. RZECZY ZROBIONE Z DREWNA

Może to tęsknota za naszymi korzeniami, a może drewno po prostu ma w sobie coś wyjątkowego. Zapach palącego się w kominku drewna lub chociaż zapałki, gładka powierzchnia drewnianego biurka, delikatne skrzypienie podłogi, gdy przemierzamy pokój, żeby rozsiąść się wygodnie w drewnianym fotelu pod oknem. Po latach zachwytu nad plastikiem znów wracają do łask drewniane zabawki dla dzieci. Drewniana małpka Kaya Bojsena jest tego doskonałym przykładem. Drewno sprawia, że czujemy, że jesteśmy bliżej natury. Prostota i naturalność drewna bardzo dobrze nawiązują do konceptu *hygge*.

5. NATURA

Samo drewno nie wystarczy. Duńczycy najchętniej
przynieśliby do domu cały las. Każdy kawałek natury przybliża
nas do *hygge*. Liście, orzechy, gałązki, skóry zwierząt...
W zasadzie wystarczy sobie wyobrazić, jak urządziłaby salon
wiewiórka. Trzeba tylko pamiętać, żeby złagodzić rogi ław,
a krzesła i parapety nakryć owczą skórą. Można wybierać
między owcą a reniferem. Krowia skóra zarezerwowana jest dla
podłóg. Duńczycy uwielbiają świece, drewno i inne łatwopalne
materiały, nic więc dziwnego, że sama Kopenhaga kilka razy
w historii płonęła. Upewnijcie się zawsze, czy wszystko jest
zgodne z przepisami przeciwpożarowymi.

6. KSIĄŻKI

Kto nie lubi półek gęsto zastawionych książkami? Chwila
z dobrą książką to fundament *hygge*. Gatunek nie jest ważny:
romans, science fiction, książki kucharskie, a nawet horrory
– wszystko znajdzie swoje miejsce na regale. Książki z zasady
są *hyggelige*, ale klasyczne dzieła takich autorów, jak Jane
Austin, Charlotte Brontë, Lew Tołstoj czy Karol Dickens
zajmują na półkach z książkami osobne miejsce. Do pewnego
wieku dzieci też uwielbiają przytulać się do nas w kąciku
i słuchać, jak im czytamy. Chociaż chyba akurat nie Tołstoja.

7. CERAMIKA

Ładny dzbanek do herbaty, wazon na stole w jadalni, ulubiony kubek, z którego zawsze pijemy – wszystko to jest *hyggelig*. Dwie ikony duńskiej ceramiki to rodzinna firma Kähler, której historia sięga 1889 roku, kiedy to jej wyroby zrobiły duże wrażenie na Wystawie Światowej w Paryżu – w tym samym roku powstała wieża Eiffla – i Royal Copenhagen, przedsiębiorstwo założone w 1775 roku przez królową Juliane Marie. Niedawno w związku z poszerzeniem i unowocześnieniem oferty słynnego serwisu Blue Fluted Mega odzyskało popularność.

8. MYŚLENIE DOTYKIEM

Jak już zapewne zauważyliście, we wnętrzach, które można określić jako *hyggelige*, liczy się nie tylko wygląd, ale i dotyk. Pozwolić palcom musnąć drewniany blat, dotknąć ciepłego kubka lub pogłaskać skórę renifera to coś zupełnie innego niż dotknąć metalu, szkła czy plastiku. Pomyślcie o tym i zadbajcie, żeby w waszych domach znalazło się miejsce dla różnych faktur.

9. VINTAGE

Wiele rzeczy w domach Duńczyków jest vintage. Kupuje się je w sklepach z antykami lub z używanymi rzeczami. Często przypomina to szukanie igły w stogu siana. Starą lampę, stół czy krzesło uznaje się za *hyggelig*. W tego rodzaju sklepach można znaleźć niemal wszystko, co jest potrzebne, żeby urządzić przytulne mieszkanie, a to, że meble mają swoją historię, czyni je jeszcze bardziej *hyggelig*.

Wraz z nimi do mieszkań wkraczają nostalgia i nowe historie. Rzeczy to coś więcej niż ich fizyczne właściwości – mają swoją wartość emocjonalną i historię. Moimi ulubionymi meblami są dwa stołki. Zrobiłem je razem z wujkiem. Oczywiście mogłem kupić podobne w sklepie w mieście, ale to by nie było to samo. Kiedy na nie patrzę, przypomina mi się wieczór sprzed dziesięciu lat, kiedy strugaliśmy je z gałęzi stuletniego orzecha. To właśnie jest *hygge*. Siedzi się na nich wygodnie, są zrobione z drewna i mają wartość sentymentalną: kwintesencja *hygge*.

10. KOCE I PODUSZKI

Koce i poduszki są niezbędne, jeśli nasze mieszkanie ma być *hyggelig*, szczególnie zimą. Owinięcie się kocem jest bardzo *hyggelig*, tak bardzo, że czasem okrywamy się nim nie tylko dlatego, że jest nam zimno, ale po prostu dlatego, że to bardzo miłe. Koce mogą być zrobione z wełny, z polaru, lżejsze ze zwykłej bawełny.

Zarówno małe, jak i duże poduszki są niezbędnym elementem *hygge*. Czy jest coś milszego niż położyć głowę na ulubionej poduszce i zanurzyć się w lekturze ulubionej książki?

Gdyby chcieć to zinterpretować po freudowsku, można by powiedzieć, że *hygge* to pocieszanie się jedzeniem i sięganie po koce ratunkowe. Jest w tym trochę prawdy, bo w *hygge* chodzi o to, żeby dać temu zestresowanemu, odpowiedzialnemu dorosłemu, którego mamy w sobie, odpocząć. Zrelaksować się. Chociaż na chwilę. Chodzi o to, żeby odnaleźć przyjemność w prostych rzeczach, i mieć pewność, że wszystko będzie dobrze.

ZESTAW RATUNKOWY HYGGE

Na okoliczność złego humoru lub po prostu na wieczór, który chcemy spędzić sami w domu, możemy przygotować specjalny zestaw ratunkowy, który zapewni nam hygge.

Przygotujcie pudełko lub kuferek z niezbędnymi elementami *hygge*. Poniższa lista może wam dostarczyć inspiracji, ale oczywiście sami wiecie najlepiej, co szybko wprawi was w nastrój *hygge*.

1. ŚWIECE

2. CZEKOLADA DOBREJ JAKOŚCI

A może by tak odwiedzić sklep z czekoladami i kupić tabliczkę dobrej czekolady? Nie musi być droga, chodzi o smak. Możecie robić tak jak ja: umawiam się sam ze sobą, że wolno mi zjeść jeden kawałek dziennie albo jeden w tygodniu. W przeciwnym wypadku czekolada bardzo szybko zniknie. Taki codzienny lub cotygodniowy rytuał sprawi, że z przyjemnością będziecie wyczekiwać chwili, kiedy zjecie pyszny kawałek.

3. ULUBIONA HERBATA

Moją ulubioną jest aktualnie rooibos.

4. ULUBIONA KSIĄŻKA

Która książka sprawia, że zapominasz o całym świecie? Znajdź ją i dołącz do zestawu – przyda się na *hygge* wieczór. Jeśli macie pracę podobną do mojej, to prawdopodobnie też na ogół czytacie w pośpiechu, żeby wyciągnąć najważniejsze wnioski. Kiedy sięgam po beletrystykę, szybko przewracam kolejne strony. Kiedy czytam kryminał Johna le Carré, kusi mnie, żeby od razu przejść do zakończenia, kiedy to okaże się, że bohater był podwójnym agentem. W *hygge* chodzi o inny rodzaj czytania. Czytajcie wolno i rozkoszujcie się tym, jak rozwija się historia. Książka, do której ja wracam, to *Pożegnanie z bronią* Ernesta Hemingwaya.

5. ULUBIONY FILM LUB ZESTAW ODCINKÓW UKOCHANEGO SERIALU

Moim ulubionym jest *Matador*, duński serial kręcony prawie czterdzieści lat temu, pokazujący życie w małym miasteczku podczas Wielkiego Kryzysu, a potem podczas nazistowskiej okupacji w czasie drugiej wojny światowej. Pozwala on współczesnym Duńczykom zrozumieć, kim są jako naród. Każdy Duńczyk zna z niego przynajmniej kilka kwestii.

6. DŻEM

Pamiętacie przyjęcie w spiżarni? Szalenie *hyggeligt*. Śmiało dodajcie do zestawu ratunkowego słodycze, które docenią wasi przyjaciele i rodzina.

7. PARA CIEPŁYCH WEŁNIANYCH SKARPET

8. WAŻNE LISTY NAPISANE NA PAPIERZE

Słowo wypowiedziane trwa tyle, ile chwila, kiedy się je wypowiada. Język pisany pozwala nam obcować z myślami sprzed wieków i z ludźmi, którzy są daleko. Czytanie starych listów to bardzo *hyggelig* forma relaksu i budowania więzi.

Listy pisane na papierze są bardziej *hyggelige* niż te wyświetlane na ekranie. Jeśli dorastaliście w ubiegłym stuleciu, powinniście jeszcze mieć papierowe listy. Pamiętajcie, że nawet te internetowe można wydrukować na kartkach.

9. CIEPŁY SWETER

10.NOTES

Notes także należy do zestawu ratunkowego *hygge*. Może to będzie *hygge* dziennik? Pierwsze zadanie polega na tym, żeby opisać najbardziej *hyggelige* momenty z ostatnich miesięcy lub lat. Pozwoli nam to zdać sobie sprawę, co sprawia nam przyjemność. Drugie zadanie polega na tym, żeby wyobrazić sobie, co może nam sprawić przyjemność w przyszłości. Dzięki temu powstanie lista przyszłych przyjemności *hygge*.

11.MIŁY KOC

12.PAPIER I OŁÓWEK

Czytanie listów napisanych na papierze jest przyjemne, prawda? A może by tak odpisać? Znajdźcie czas na napisanie kilku listów. Pomyślcie o kimś, kto jest wam drogi, kto jest dla was ważny, i napiszcie mu o tym.

13.MUZYKA

Muzyka z płyty winylowej jest bardziej *hygge* niż zapisana cyfrowo, ale serwisy takie jak iTunes czy Spotify pozwalają na stworzenie *hygge* playlisty. Ja zwykle wybieram coś powolnego. Ostatnio byli to Gregory Alan Isakov i Charles Bradley, ale może spodoba wam się duńska artystka Agnes Obel.

14.ALBUM FOTOGRAFICZNY

Pomyślcie, ile zdjęć wrzuciliście na Facebooka. A gdyby tak wybrać sto i wydrukować? Album z prawdziwymi zdjęciami jest znacznie bardziej *hyggelig* i idealnie sprawdza się w pochmurny wieczór, gdy przegląda się go z kubkiem gorącej herbaty w ręku.

—

ROZDZIAŁ SIÓDMY

HYGGE POZA DOMEM

ŚWIAT NA ZEWNĄTRZ

O ile nasz dom jest ostoją hygge, *o tyle nie ma
wątpliwości, że również na zewnątrz może być*
hyggeligt. *Takie miejsca jak domki letnie czy łodzie
są naprawdę* hyggelig. Hygge *można doświadczać
niemal wszędzie i o każdej porze, chociaż oczywiście są
sytuacje, kiedy jest to szczególnie łatwe.*

SIŁA NAPĘDOWA *HYGGE*

*Jestem naukowcem i moja praca polega między innymi
na tym, że próbując znaleźć dowody na coś, szukam
przede wszystkim powtarzających się wzorców. Tak
więc przyglądając się sytuacjom, które sprzyjają* hygge,
zawsze szukam cech wspólnych. Jeśli chodzi o hygge,
*należą do nich na pewno świece i potrawy, ale ponieważ
o nich już wspominaliśmy, w tym rozdziale skupię się na
innych okolicznościach sprzyjających* hygge.

DOBRE TOWARZYSTWO

Można spędzać *hyggelig* czas samemu. W deszczowy niedzielny
poranek można owinąć się kocem i oglądać ulubiony program
telewizyjny albo z kieliszkiem wina w ręku przyglądać się szalejącej
za oknem burzy. Czy po prostu obserwować ulicę.

Ale najwięcej *hygge* doświadczamy w towarzystwie innych ludzi. Kilka
lat temu mój ojciec razem z dwoma braćmi podliczyli, że właśnie
kończą w sumie dwieście lat. Wynajęli więc domek na zachodnim
wybrzeżu Danii i zaprosili całą rodzinę. Domek stał na wydmach,
krajobraz był surowy, wiał wiatr, jak zawsze na zachodnim wybrzeżu.
Spędziliśmy weekend, nic nie robiąc, oddając się wyłącznie jedzeniu,
piciu, rozmowom i spacerom wzdłuż brzegu. Przyznaję, że był to jeden
z najbardziej *hyggelig* weekendów w moim życiu.

LUZ I SWOBODA

Podstawą chwil, które są najbardziej *hyggelige*, wydają się być luz i swoboda. Jeśli chcecie doświadczyć prawdziwego *hygge*, musicie się przede wszystkim odprężyć. Zaproście gości, ale nie na formalne spotkanie. Bądźcie sobą.

Pewnej jesieni, kiedy miałem dwadzieścia parę lat, zatrudniłem się przy zbiorach winogron w Szampanii. Kilka lat temu, podróżując z przyjaciółmi, znów znalazłem się w tamtej okolicy. Postanowiłem pojechać do winnicy Marquette, w której kiedyś pracowałem. Spotkaliśmy się z Glennie, gospodynią, i jej synem, który był już dorosłym mężczyzną, i spędziliśmy szalenie *hyggelig* popołudnie, siedząc i popijając wino przy długim stole w ich rustykalnej kuchni. Atmosfera był swobodna, luźna. Chociaż nie widziałem Glennie i jej syna całe lata, czuliśmy się w swoim towarzystwie doskonale.

BLISKO NATURY

Nieważne, czy siedzimy nad rzeką gdzieś w Szwecji, we francuskiej winnicy, czy po prostu we własnym ogródku albo pobliskim parku – bliskość przyrody sprawia, że opuszczamy gardę, a wszystko staje się prostsze.

Kiedy jesteśmy na łonie przyrody, zostawiamy za sobą elektroniczne gadżety i zawodowe dylematy. Obywamy się bez luksusów i ekstrawagancji, pozostaje nam dobre towarzystwo i możliwość rozmowy. Proste sytuacje, brak pośpiechu i swojskie otoczenie sprawiają, że czujemy *hygge*.

Pewnego lata wybrałem się razem z przyjaciółmi do Szwecji na spływ rzeką Nissan. Płynęliśmy kanu. W ciągu dnia pokonaliśmy spory kawałek. Wieczorem piekliśmy nad ogniem kurczaki. Staliśmy i patrzeliśmy, jak powoli nabierają złocistej barwy, w popiele dochodziły ziemniaki w przyjemnie szeleszczącej folii. Zapadał zmrok. Ogień rozświetlał drzewa wokół naszego obozowiska, między gałęziami widzieliśmy gwiazdy. Czekając, aż kurczaki się upieką, piliśmy whisky z kubków do kawy. Milczeliśmy, zmęczeni, ale szczęśliwi. Pełnia *hygge*.

TU I TERAZ

Takie chwile wymagają naszej pełnej obecności. *Hygge* przeżywamy tu i teraz.

Podczas wspomnianej wyprawy oderwaliśmy się od swoich codziennych zajęć. Wyłączyliśmy komórki, byliśmy off-line. Żadnych telefonów, żadnych e-maili. Otaczała nas przyroda, byliśmy w dobrym towarzystwie. Odpoczywaliśmy, chłonąc każdą chwilę.

Każdego lata wybieram się na krótki rejs żaglówką z przyjacielem i jego ojcem. Mało jest rzeczy, które cenię bardziej niż te chwile, kiedy stoję przy sterze, pod żaglami, z błękitnym niebem nad głową i dobiegającym z dołu szumem uderzających o burtę fal. Najbardziej *hyggelige* chwile to te, kiedy po drodze zawijamy do portów. Po kolacji siedzimy razem na pokładzie, obserwując zachód słońca, słuchając wiatru targającego takielunkiem, sącząc powoli Irish coffee... To właśnie jest *hygge*.

Jeśli chcecie osiągnąć *hygge*, możecie wykorzystać niektóre elementy, o których wspomniałem. Dla mnie najprzyjemniejsze są chwile spędzane latem w chatach poza miastem. Moje najlepsze wspomnienia z dzieciństwa to właśnie te z naszego rodzinnego letniego domku, położonego zaledwie dziesięć kilometrów za miastem, w którym mieszkaliśmy od maja do września. Dla mnie i dla mojego brata te miesiące, kiedy nawet w nocy jest widno, były niekończącymi się wakacjami. Wspinaliśmy się na drzewa, wędkowaliśmy, graliśmy w piłkę, jeździliśmy na rowerach, kopaliśmy tunele, spaliśmy w domku na drzewie, chowaliśmy się za łodziami na brzegu, budowaliśmy tamy i zamki, strzelaliśmy z łuków, zbieraliśmy jagody i borówki i szukaliśmy ukrytego przez nazistów złota.

Domek był mały, znacznie mniejszy od naszego domu w mieście, meble były stare, telewizor miał czarno-biały czternastocalowy ekran, a antena miewała lepsze i gorsze dni. Ale właśnie tam doświadczaliśmy najwięcej *hygge*. Może dlatego, że letni domek spełnia niemal wszystkie warunki *hygge*. Mam na myśli zapachy, dźwięki... Wszystko jest znacznie prostsze, jesteśmy sam na sam z przyrodą i z najbliższymi. Zwalniamy tempo. Wychodzimy z domu. Spędzamy czas razem. Cieszymy się chwilą.

HYGGE W GODZINACH PRACY

Hygge *to nie tylko letnie domki, picie Irish coffee na pokładzie łodzi czy spędzanie miło czasu w swoim domowym* hyggekrog *albo przed kominkiem. Duńczycy są przekonani, że* hyggeligt *może – i powinno – być też w biurze.*

Dowodem na to może oczywiście być ciasto, o którym była mowa w rozdziale czwartym. Ale też wyniki badania przeprowadzonego przez Instytut Badań nad Szczęściem, z których wynika, że siedemdziesiąt osiem procent Duńczyków uważa, że praca też powinna być *hyggelig*.

Czy w pracy powinno być *hyggeligt*?

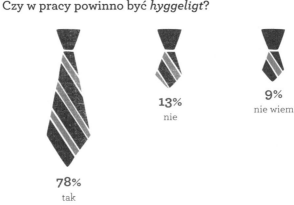

13%
nie

9%
nie wiem

78%
tak

HYGGE W BIURZE:

Co zrobić, żeby w biurze było *hyggeligt*? Oczywiście można zapalić świeczki i kupić ciasto. Ale to tylko początek. Zastanówcie się, co sprawi, że atmosfera w waszym biurze stanie się przyjemniejsza, bardziej na luzie, bardziej egalitarna. Może wstawicie kanapę, z której będzie można korzystać podczas dłuższych rozmów czy nieformalnych spotkań? Z racji mojej pracy często udzielam wywiadów. Zamiast siedzieć przy nowoczesnym stole w sterylnym pokoju biurowym, wolę wtedy siedzieć i rozmawiać na kanapie.

—

ROZDZIAŁ ÓSMY

HYGGE PRZEZ OKRĄGŁY ROK

NIE TYLKO NA BOŻE NARODZENIE

Popularne duńskie powiedzenie głosi, że nie ma złej pogody, jest tylko nieodpowiednie ubranie. Ale szczerze mówiąc, jeśli chodzi o Danię, o pogodzie da się powiedzieć niewiele dobrego.

Niektórzy twierdzą, że w Danii jest ciemno, wietrznie i mokro. Inni, że Dania ma dwie zimy: jedną szarą i jedną zieloną.

Przy takiej pogodzie trudno się dziwić, że w miesiącach zimowych Duńczycy spędzają dużo czasu w domach.

Latem większość Duńczyków spędza możliwie jak najwięcej czasu poza domem, w rozpaczliwej nadziei, że wytropią choćby odrobinę słońca, ale od listopada do marca siły natury zmuszają ich do zostania w domu. A ponieważ w przeciwieństwie do Szwedów czy Norwegów nie mają w swoim kraju warunków do uprawiania sportów zimowych ani do spędzania czasu na świeżym powietrzu, jak w południowej Europie, pozostaje im praktykowanie *hygge* w domu. Dlatego też, jak wynika z badań przeprowadzonych przez Instytut Badań nad Szczęściem, szczyt sezonu na *hygge* to jesień i zima.

A oto wybór pomysłów na hygge *w ciągu roku.*

STYCZEŃ: WIECZÓR FILMOWY

Styczeń to doskonały czas na relaks z przyjaciółmi i rodziną podczas domowego wieczoru filmowego. Niech każdy przyniesie coś do jedzenia i wybierze coś z filmowej klasyki – film, który wszyscy już widzieli, żeby w trakcie oglądania go można było swobodnie pogadać.

Dodatkową rozrywką będzie prezentowanie najkrótszego streszczenia akcji każdego filmu. W ten sposób trylogia *Władca Pierścieni* okaże się opowiadać o grupie starającej się przez dziewięć godzin zwrócić biżuterię, zaś *Forrest Gump* – o uzależnionej od narkotyków dziewczynie przez dziesięciolecia wykorzystującej upośledzonego umysłowo chłopaka.

LUTY: WYJAZD NA NARTY

Jeśli macie możliwość, skrzyknijcie o tej porze roku grupę przyjaciół lub rodzinę i wybierzcie się razem w góry. Owszem, widoki są tam oszałamiające, szusowanie po stokach rozkoszne, a czystość powietrza zdumiewająca – jednak najlepszą rzeczą w wyprawie na narty jest *hygge*. Magia pojawia się, gdy całą paczką wracacie do swojej chaty, zmęczeni po dniu spędzonym na stoku, brudni i potargani i siadacie na kanapie w okropnych wełnianych skarpetach, żeby w milczeniu odpocząć przy kawie. Tylko nie zapomnijcie spakować Grand Marnier!

MARZEC: MIESIĄC TEMATYCZNY

Jeśli wybieracie się z rodziną na letnie wakacje, też nie zapominajcie o *hygge*. Jeżeli zamierzacie pojechać do Hiszpanii, marzec poświęćcie na poznanie tego kraju na odległość. Mówiąc o poznawaniu, mam na myśli oglądanie hiszpańskich filmów albo przygotowywanie *tapas*. Jeśli macie dzieci, możecie spędzić wieczór, przyklejając nalepki z hiszpańskimi nazwami: na krzesła (*sillas*), stół (*mesa*), talerze (*platos*), i uczyć się w ten sposób języka. Jeśli zaś w tym roku nie planujecie latem wyjazdu, możecie wybrać sobie temat związany z krajem, który odwiedziliście w poprzednie wakacje: sięgnijcie po album ze zdjęciami. Albo z wymarzonym celem wyprawy. Skoro nie możecie pojechać do jakiegoś kraju, sprowadźcie go sobie do domu.

KWIECIEŃ: PIESZE WĘDRÓWKI I GOTOWANIE NA OGNISKU

Kwiecień może być doskonałym czasem na piesze wędrówki, biwakowanie lub spływy kajakowe. O tej porze na dworze może być całkiem rześko, pamiętajcie więc, żeby zapakować wełniane skarpety. Są bardzo *hyggelige*. Kwiecień ma też jednak jedną wielką zaletę: brak komarów. Jeżeli jesteście – tak jak ja – mieszczuchami, to w pierwszych godzinach naturalnie będziecie panikować: jak, do diabła, poradzimy sobie bez wi-fi? Kiedy jednak opanujecie te myśli, tętno i poziom stresu szybko opadną. *Hygge* potrzebuje pieszych wędrówek jak Wielkanoc pisanek – nikt was nie goni, dookoła wieś, jesteście razem. Nazbierajcie gałęzi, rozpalcie ognisko, przygotujcie posiłek na otwartym ogniu, a po jedzeniu raczcie się z przyjaciółmi dobrą whisky pod gwiazdami.

Jeśli wybieracie się w plener w Wielkanoc, pamiętajcie, żeby zapakować czekoladowe jajka dla dzieci.

MAJ: WEEKENDOWY DOMEK

W maju dni stają się dłuższe. Nadchodzi czas, żeby ruszyć za miasto. Ktoś z przyjaciół może mieć domek gdzieś za miastem, można też znaleźć coś do wynajęcia za niezbyt duże pieniądze. Im bardziej wiejski domek, tym więcej *hygge*. Kominek to dodatkowa przyjemność. Pamiętajcie, żeby zapakować gry planszowe na deszczowe popołudnia. Majowy weekend może też być pierwszą w roku okazją do rozpalenia grilla. Jeśli chodzi o letnie *hygge*, nic nie pobije stania wokół grilla z butelką piwa w ręce.

CZERWIEC: SYROP Z CZARNEGO BZU I LETNIE PRZESILENIE

Początek czerwca to doskonały czas na zbieranie kwiatów czarnego bzu na syrop lub lemoniadę. Niezależnie od tego, czy pijecie je na zimno w gorący letni dzień, czy na ciepło zimą, zawsze pachną latem. I to nie tylko podczas picia: żeby zrobić syrop, trzeba na dobę zostawić kwiaty i cytrynę w naczyniu. Cały dom pachnie wtedy letnim *hygge*. Ten zapach zawsze przenosi mnie w letnie miesiące dzieciństwa.

Przepis na 2,5 litra lemoniady z czarnego bzu:

30 kiście czarnego bzu

3 duże cytryny

1,5 litra wody

50 g kwasku cytrynowego

1,5 kg cukru

1. Włóż kiście do dużej miski, najlepiej o pojemności pięciu litrów.

2. Umyj cytryny w gorącej wodzie, pokrój w plasterki i dodaj do kiści.

3. Zagotuj wodę i wsyp cukier i kwasek cytrynowy.

4. Do miski z kiśćmi bzu i plastrami cytryn wlej wrzącą wodę z cukrem i kwaskiem.

5. Przykryj miskę i odstaw na trzy dni.

6. Odcedź płyn i wlej do butelek. Przechowuj w lodówce.

Wigilia świętego Jana wypada dwudziestego trzeciego czerwca.
W ten wieczór Duńczycy świętują letnie przesilenie. To moja
ulubiona tradycja. W Danii w czerwcu słońce zachodzi około
jedenastej wieczorem, ale noc nigdy do końca nie gasi jego światła.
Wraz z zachodem słońca pojawia się słodko-gorzka świadomość,
że od jutra zstępujemy w ciemność, dni będą coraz krótsze.
To doskonały wieczór na piknik. Zbierzcie rodzinę i przyjaciół
i rozpalcie ognisko. Ze względu na długi dzień zapala się je dość
późno, jeśli więc chcecie skrócić dzieciom czas oczekiwania,
możecie im urządzić wyścig z jajkiem na łyżce.

LIPIEC: LETNI PIKNIK

Lipiec to ten czas, kiedy Duńczycy wychodzą z domów i cieszą się przyrodą. Jest ciepło, a wieczory nadal są długie. To świetny czas na piknik – nad morzem, na łące czy w parku. Wybór należy do ciebie, ale pamiętaj, że musisz wyjechać z miasta. Zaproś rodzinę, przyjaciół, sąsiadów albo po prostu ludzi spotkanych na ulicy. Zróbcie imprezę składkową, niech każdy przyniesie jedno lub dwa dania dla wszystkich. Składkowe posiłki są zwykle bardziej *hyggelige*, ponieważ są bardziej egalitarne. Chodzi o to, żeby się dzielić jedzeniem, ale też odpowiedzialnością i obowiązkami.

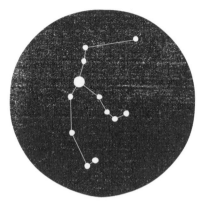

SIERPIEŃ: PERSEIDY, CZYLI RÓJ METEORÓW

Zabierzcie koce i połóżcie się pod gwiazdami. Choć jasne o tej porze roku noce nie sprzyjają oglądaniu gwiazd, rój meteorów zwany Perseidami pojawia się w połowie sierpnia. Kulminacja następuje zwykle między dziewiątym a trzynastym dniem miesiąca. W północno-wschodniej części nieba znajdźcie gwiazdozbiór Perseusza, z Andromedą od wschodu i Kasjopeją od północy. Jeśli są z wami dzieci, warto zabrać książkę z opowieściami z mitologii greckiej – do poczytania w oczekiwaniu na spadające gwiazdy.

Na półkuli południowej alternatywą jest rój meteorów o nazwie Eta Akwarydy. Zwykle pojawia się między końcem kwietnia a połową maja.

WRZESIEŃ: GRZYBOBRANIE

Grzyby zbiera się głównie jesienią, lecz można już od końca
lata. Zwykle najbardziej smakuje nam to, co sami wyhodujemy,
upolujemy lub zbierzemy – i to ma też najwyższy wskaźnik *hygge*.
Wybierzcie się z rodziną i przyjaciółmi do lasu na grzyby.

OSTRZEŻENIE: Zjedzenie nieodpowiednich grzybów może mieć
skutek śmiertelny, znajdźcie więc doświadczonego grzybiarza
i poproście, żeby wam towarzyszył. W wielu społecznościach
organizuje się wycieczki na grzyby.

PAŹDZIERNIK: KASZTANY

To sezon na kasztany. Jeśli macie dzieci, zabierzcie je na kasztanowe łowy, a ze znalezionych kasztanów zróbcie figurki zwierząt.

Dorośli mogą kupić kasztany jadalne, naciąć ich spiczaste końce na krzyż i upiec. Piecze się je w temperaturze dwustu stopni około trzydziestu minut, aż skórka się otworzy, a środek stanie się miękki. Po zdjęciu twardej zewnętrznej skóry należy dodać nieco masła i soli.

A jeśli chcecie cieszyć się *hygge* sami, weźcie kilka mandarynek, trochę pieczonych kasztanów i *Ruchome święto* Hemingwaya. Akcja rozgrywa się w latach dwudziestych XX wieku w Paryżu, gdzie Hemingway żył bez grosza przy duszy.

LISTOPAD: KONKURS GOTOWANIA ZUPY

Nadchodzi zima. Czas wyciągnąć stare przepisy na zupy i rozejrzeć się za nowymi. Zaproście rodzinę i przyjaciół do konkursu na najlepszą zupę. Każdy przynosi składniki na wybraną zupę dla jednej osoby. Przygotujcie małe porcje, żeby każdy mógł spróbować każdej. Ja zwykle robię dyniowo-imbirową. Świetnie jej robi kapka śmietany. Jeśli jako gospodarze chcecie przygotować coś ekstra, upieczcie chleb. Zapach pieczonego chleba jest zdecydowanie *hygge*.

GRUDZIEŃ: *GLØGG* I *ÆBLESKIVER* (RACUCHY)

To szczyt sezonu *hygge*. Popyt na świece i słodycze rośnie gwałtownie – podobnie jak BMI (Body Mass Index). To także *prime-time* dla *gløgg*. Przepis znajdziecie na stronie 94. Namoczcie z odpowiednim wyprzedzeniem rodzynki w porto i zaproście rodzinę i przyjaciół na popołudnie lub wieczór przy *gløgg* i *æbleskiver*. Przepis na stronie 232.

—

ROZDZIAŁ DZIEWIĄTY

HYGGE ZA MAŁE PIENIĄDZE

NAJLEPSZE RZECZY
W ŻYCIU SĄ ZA DARMO

Brzydkie wełniane skarpety nie są ani wyrafinowane, ani kosztowne, ani luksusowe – i to właśnie jest istotą hygge. Szampan i ostrygi mogą mieć wiele konotacji, lecz hygge nie jest jedną z nich.

Hygge jest skromne i niespieszne. To wybór czegoś rustykalnego zamiast nowego, prostego zamiast szykownego i nastrojowego zamiast ekscytującego. Pod wieloma względami *hygge* to duński krewny idei prostego życia.

To może być oglądanie *Władcy Pierścieni* w piżamie w Wigilię Bożego Narodzenia, siedzenie z ulubioną herbatą w oknie i obserwowanie pogody czy wpatrywanie się w ognisko, nad którym razem z rodziną i przyjaciółmi powoli piecze się chałkę.

Prostota i skromność to kluczowe cechy *hygge*, ale także duńskiego wzornictwa i kultury. Podobnie jak funkcjonalność. Upodobanie Duńczyków do skromności powoduje, że chełpienie się dokonaniami czy kłucie w oczy rolexem jest nie tylko w złym guście: jest wręcz grzechem przeciwko *hygge*. Krótko mówiąc, im więcej błyskotek, tym mniej *hygge*.

Jeśli wejdziesz do ekskluzywnej restauracji i zechcesz się wycofać, bo nie będzie cię na nią stać, możesz spokojnie zagrać kartą *hygge*. Wystarczy, że rzucisz: „Poszukajmy czegoś bardziej *hyggeligt*". Nie dotyczy to jednak NOMY. Ta restauracja jest naprawdę *hyggeligt*. Nawet oświetlenie ma odpowiednie.

Hygge polega na docenianiu prostych życiowych przyjemności i można je osiągnąć za naprawdę niewielkie pieniądze. W Danii znany jest wiersz i pieśń Benny'ego Andersena *Radosny dzień Svantego*. Opowiada o rozkoszowaniu się chwilą i o prostych przyjemnościach: „Patrz, świt zaraz wstanie. Słońce jest już czerwone, a księżyca coraz mniej. Ona kąpie się dla mnie. Dla mnie, któremu tak dobrze na świecie. Życie nie jest złe, wszak to wszystko, co mamy. A kawa jest prawie gorąca".

Zgoda, Duńczycy są pewnie lepsi w *hygge* niż w poezji, lecz z badań nad szczęściem niezmiennie wynika, że pieniądze nie są ważne. Oczywiście – jeśli nie masz na jedzenie, nabierają znaczenia. Lecz jeśli nie zmagasz się z biedą i nie zastanawiasz, jak związać koniec z końcem, to jeśli chodzi o szczęście, dodatkowe tysiąc koron miesięcznie nic nie zmienia.

To pasuje do *hygge*. Bo właściwej atmosfery czy poczucia więzi nie da się kupić. Nie osiągniemy stanu *hygge*, jeśli będziemy zabiegani i zestresowani. Nie stworzymy atmosfery intymności inaczej, niż poświęcając czas, okazując zainteresowanie i wchodząc w relacje z innymi ludźmi.

Hygge często wiąże się z jedzeniem i piciem, lecz im bardziej sprzeciwiamy się konsumpcji, tym bardziej jest *hyggeligt*. Im więcej pieniędzy i prestiżu, tym mniej *hygge*. Im coś prostsze i bardziej prymitywne, tym więcej *hygge*. Picie herbaty jest bardziej *hyggeligt* niż picie szampana, gry planszowe są bardziej *hyggelige* niż komputerowe, a potrawy i ciastka domowego wyrobu są bardziej *hyggelige* niż te kupione w sklepie.

Krótko mówiąc, poziom *hygge* nie zależy od tego, ile pieniędzy przeznaczymy na to, żeby je sobie zapewnić. Bo *hygge* to atmosfera. Pieniądze jej nie poprawią, mogą ją raczej zniszczyć.

Hygge pewnie nie służy wolnorynkowemu kapitalizmowi, ale może mieć duży wpływ na nasze osobiste szczęście. *Hygge* to proste przyjemności życia, osiągalne niewielkim kosztem. Oto dziesięć przykładów na to, że najlepsze *hygge* w życiu można mieć za darmo lub prawie za darmo.

DZIESIĘĆ NIEDROGICH SPOSOBÓW NA *HYGGE*

1. WYCIĄGAMY GRY PLANSZOWE

Żyjemy w czasach Netflixa, Candy Crush i niekończącego się zalewu rozrywki elektronicznej. Obcujemy z technologią zamiast ze sobą nawzajem. A jednak gry planszowe ciągle są popularne – w pewnej mierze właśnie dzięki *hygge*. Mój przyjaciel Martin co roku organizuje planszową grę matkę, czyli Axis and Allies. Jest to osadzona w historii drugiej wojny światowej rozbudowana wersja gry Ryzyko. Trwa na ogół około czternastu godzin, więc Martin zostawia swoją bardzo wyrozumiałą dziewczynę na noc w hotelu. Spędzamy wieczór nie tylko na grze. Puszczamy muzykę klasyczną – zwykle Wagnera i Beethovena – a dym z cygar wypełnia pokój, tak że ledwo dostrzeglibyście grupę dorosłych facetów w mundurach. Być może posuwamy się nieco za daleko, ale robimy to wszystko dla *hygge*.

Dlaczego gry planszowe są *hygge*? No cóż, przede wszystkim dlatego, że wymagają większego towarzystwa. Gracie w nie razem. Tworzycie wspólne wspomnienia i zacieśniacie więzi. Wszyscy przyjaciele Martina do dziś pamiętają ten moment z 2012 roku, kiedy alianci nagle uświadomili sobie, że Moskwa upadnie. Co więcej, dla wielu z nas, wychowanych na Monopoly lub Trivial Pursuit (Załóż się), gry planszowe oznaczają nostalgiczny powrót do czasów niewinności. Ważny jest też brak pośpiechu, to, że gra trwa czternaście godzin, ważna jest więź i ogólnie atmosfera *hygge*.

2. SPIŻARNIA PARTY

Bardzo lubię takie imprezy. Zaproście przyjaciół na popołudnie lub wieczór gotowania i *hygge*. Reguły są proste: każdy przynosi składniki na coś, co można przechować w spiżarni albo w lodówce. Dżem truskawkowy, słodkie pikle, domowy keczup, rosół z kury, limoncello, zupa z dyni – cokolwiek chcecie. Wszyscy przynoszą też dzbanki, puszki, butelki albo pojemniki w odpowiednich kształtach, w których będzie można przechować te wszystkie smakołyki domowej roboty. Piękna jest już sama różnorodność. Zamiast dziesięciu porcji zupy dyniowej macie mango chutney, piernik, marynowane chilli, pastę baba ganoush, bochenek chleba na zakwasie, marmoladę śliwkową, syrop z czarnego bzu, orzechówkę i sorbet malinowy. Palce lizać!

3. WIECZÓR TELEWIZYJNY

Z jednym z moich najlepszych przyjaciół zawsze oglądamy razem *Grę o tron*. Jesteśmy w trzecim sezonie, więc proszę nie uprzedzać faktów i nie mówić, kto umrze. Mniej więcej co dwa tygodnie oglądamy kolejne dwa odcinki. Nie więcej. Wiem, że w czasach Netflixa trzeba być stukniętym amiszem, żeby nie wchłonąć za jednym posiedzeniem całego sezonu ulubionego serialu, kiedy tylko się ukaże, ale ma to pewne zalety. Po pierwsze, przywraca telewizji charakter rozrywki towarzyskiej. Po drugie, pozwala nam na coś czekać. Powściągnijcie więc serialowe łakomstwo i zaproście przyjaciół na cotygodniowe oglądanie wybranego programu.

4. ZAKŁADAMY BIBLIOTECZKĘ NA KLATCE SCHODOWEJ LUB W INNYM WSPÓLNYM MIEJSCU

Tanim i niekłopotliwym sposobem na to, żeby wspólnej przestrzeni w kamienicy lub sąsiedztwie nadać charakter, który będzie bardziej *hyggelig*, jest stworzenie małej biblioteki. Znajdźcie stary wiejski kredens lub jakieś półki i ustawcie je na klatce. Pamiętajcie, że może to wymagać uzyskania pozwolenia. Wyłóżcie kilka książek, które już przeczytaliście. Niech sąsiedzi powiększają księgozbiór, stosując się do zasady: biorąc jedną książkę, zostawiamy inną. Widok półek z książkami na klatce sprawi, że powrót do domu zawsze będzie bardziej *hyggelig*. Może to też zachęcić do nawiązywania bliższych kontaktów między lokatorami twojej kamienicy, co też przyczyni się do ogólnej atmosfery *hygge*.

5. GRAMY W BULE

Z całą pewnością u któregoś z twoich kumpli poniewiera się w kącie komplet kul do gry. Poza tym, że to znakomity pretekst, żeby się napić *pastis* – jeśli jeszcze nie próbowałeś, zapewniam, że warto – gra w bule to świetny sposób na spędzenie czasu z rodziną i przyjaciółmi. Gra się powoli, swobodnie, można więc równocześnie rozmawiać. Znajdźcie w pobliżu park z kawałkiem żwirowego placu nadającego się do gry i zabierzcie ze sobą koce i kosz piknikowy.

6. ROZPALAMY OGNISKO

Ogień zdecydowanie należy do składowych równania *hygge*, podobnie jak powolne przygotowywanie niewyszukanego jedzenia. Wokół ognia tworzy się wspólnota, i to bez potrzeby podtrzymywania konwersacji, wystarcza trzask płonących drew. Kiedy ogień przygasa, żar jest gotowy. Musicie jeszcze znaleźć odpowiedni prosty patyk i oczyścić jeden koniec z kory. Owińcie dokładnie jego koniec ciastem i trzymajcie nad jarzącym się żarem. Wszyscy zgromadzą się wokół ogniska zwartym kręgiem, który otworzy się nieco, kiedy dym zmieni kierunek. Dym będzie szczypał w oczy, żar płomieni parzył dłonie, chałka na patyku przypali się z wierzchu, chociaż w środku ciągle będzie niedopieczona. Nic nie jest bardziej *hyggelig*.

7. FILMY NA ŚWIEŻYM POWIETRZU

Wiele miast oferuje latem seanse kinowe na świeżym powietrzu. W Kopenhadze kina letnie działają w sierpniu, gdyż w czerwcu i lipcu wieczory są jeszcze zbyt zimne. Słychać zwykle słabo, siedzi się dość niewygodnie na ziemi, nie ma o co oprzeć pleców. Ci sprytniejsi, którzy przynieśli składane krzesełka, rozbijają obóz przed tobą i zasłaniają ekran. Mimo to panuje atmosfera ogólnego *hygge*. Zwykle chodzę na takie seanse z kilkorgiem przyjaciół. Rozbijamy obóz, coś jemy, pijemy wino i rozmawiamy w oczekiwaniu na początek seansu.

8. WYMIENIAMY SIĘ RZECZAMI

Pamiętasz tę lampę, którą trzymasz w piwnicy? Miałeś ją wystawić na eBayu dwa lata temu. A ten dodatkowy blender, który macie od czasu, kiedy postanowiliście zamieszkać razem? Dlaczego się ich nie pozbyć, nie wymienić na coś, czego potrzebujecie, a przy okazji urządzić *hyggelig* wieczór? Zaproście rodzinę i przyjaciół na taki wieczór wymieniania się rzeczami. Zasady są proste: każdy przynosi to, czego już nie używa, ale co może się przydać komuś innemu. Zadbacie nie tylko o portfele i środowisko. Jest to też świetny sposób na oczyszczenie szaf, schowków, piwnic czy innych miejsc, w których przechowujecie zbędne rzeczy. Co więcej, wymienić się z przyjaciółmi jest pewnie wygodniej i przyjemniej niż poświęcić weekend, żeby zawlec graty na pchli targ czy dać ogłoszenie w internecie.

9. JAZDA NA SANKACH

Zimą chętnie uznajemy, że trzeba siedzieć w domu. I jeśli domowy odpoczynek z książką i filiżanką herbaty jest całkiem *hyggelig*, to po dniu spędzonym na śniegu będzie jeszcze bardziej *hyggelig*. Zbierzcie więc grupę i ruszcie na górki. Jeśli macie ukryte w piwnicy piękne drewniane sanki i możecie zabrać je ze sobą, to świetnie, lecz są też tańsze opcje. Można na przykład zjeżdżać na mocnej foliowej torbie. Zjeżdżanie po śniegu jest darmowe – i przyjemne. Zabierzcie zimowy koszyk piknikowy z herbatą lub grzanym winem na „po sankach". Tylko nie zjeżdżajcie, jeśli wcześniej piliście alkohol.

10. GRY I ZABAWY

Pod wieloma względami niektóre z wymienionych propozycji, na przykład sanki i gry planszowe, da się zaliczyć do tej samej kategorii: gry i zabawy. Uwielbialiśmy je, będąc dziećmi, lecz z jakiegoś powodu z wiekiem przestaliśmy się im oddawać. Dorośli bawić się raczej nie powinni. Powinni żyć w stresie, martwić się i być przeciążeni radzeniem sobie z problemami życia. Ale wyniki badań przeprowadzonych przez Alana Kruegera, profesora ekonomii i spraw publicznych z Uniwersytetu Princeton, pokazują, że najszczęśliwsi jesteśmy wtedy, kiedy się oddajemy typowym rozrywkom czasu wolnego.

Jednym z naszych, ludzi dorosłych, problemów jest to, że nadmiernie się koncentrujemy na efektach tego, co robimy. Pracujemy, żeby zarobić pieniądze. Idziemy do siłowni, żeby zbić wagę. Spędzamy czas z innymi, żeby nawiązać kontakty z pożytkiem dla dalszej kariery. A co daje robienie czegoś wyłącznie dla przyjemności? Jeśli nie możecie sobie przypomnieć, kiedy ostatni raz oddawaliście się przyjemnościom, przypomnijcie sobie film Kubricka *Lśnienie*. Przez ciągłą pracę i brak rozrywek z Jacka robi się tępak, jak mówi stare angielskie przysłowie.

Tabela zamieszczona na stronach 196 i 197 pokazuje, że najwyższe notowania na skali poczucia szczęścia mają rzeczy, które robimy wspólnie, takie jak sport, piesze wycieczki, przyjęcia czy zabawa z dziećmi.

BADANIE SPOSOBÓW SPĘDZANIA CZASU PRZEPROWADZONE NA UNIWERSYTECIE PRINCETON

Około czterech tysięcy respondentów poproszono, żeby w skali od zera do sześciu ocenili, ile szczęścia dają im rzeczy, które robili poprzedniego dnia.

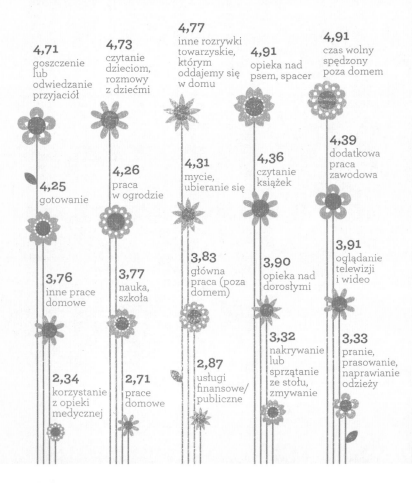

4,71
goszczenie lub odwiedzanie przyjaciół

4,73
czytanie dzieciom, rozmowy z dziećmi

4,77
inne rozrywki towarzyskie, którym oddajemy się w domu

4,91
opieka nad psem, spacer

4,91
czas wolny spędzony poza domem

4,39
dodatkowa praca zawodowa

4,25
gotowanie

4,26
praca w ogrodzie

4,31
mycie, ubieranie się

4,36
czytanie książek

3,76
inne prace domowe

3,77
nauka, szkoła

3,83
główna praca (poza domem)

3,90
opieka nad dorosłymi

3,91
oglądanie telewizji i wideo

2,34
korzystanie z opieki medycznej

2,71
prace domowe

2,87
usługi finansowe/ publiczne

3,32
nakrywanie lub sprzątanie ze stołu, zmywanie

3,33
pranie, prasowanie, naprawianie odzieży

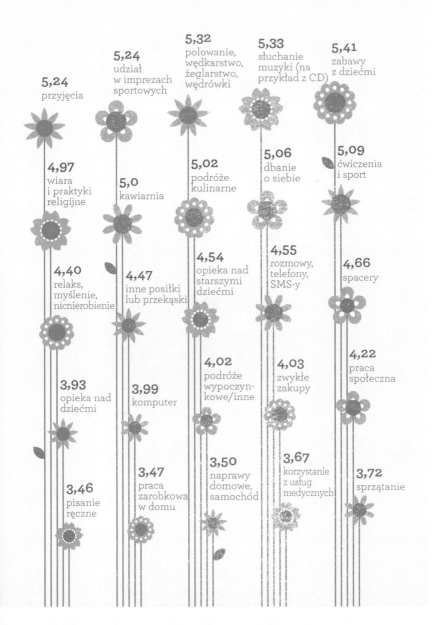

5,24 przyjęcia

5,24 udział w imprezach sportowych

5,32 polowanie, wędkarstwo, żeglarstwo, wędrówki

5,33 słuchanie muzyki (na przykład z CD)

5,41 zabawy z dziećmi

4,97 wiara i praktyki religijne

5,0 kawiarnia

5,02 podróże kulinarne

5,06 dbanie o siebie

5,09 ćwiczenia i sport

4,40 relaks, myślenie, nicnierobienie

4,47 inne posiłki lub przekąski

4,54 opieka nad starszymi dziećmi

4,55 rozmowy, telefony, SMS-y

4,66 spacery

3,93 opieka nad dziećmi

3,99 komputer

4,02 podróże wypoczynkowe/inne

4,03 zwykłe zakupy

4,22 praca społeczna

3,46 pisanie ręczne

3,47 praca zarobkowa w domu

3,50 naprawy domowe, samochód

3,67 korzystanie z usług medycznych

3,72 sprzątanie

———

ROZDZIAŁ DZIESIĄTY

HYGGE
W KOPENHADZE

HYGGE SAFARI

*Odwiedzając Kopenhagę, na pewno będziecie chcieli
zobaczyć miejsca, które są najbardziej* hygge.

NYHAVN (NOWY PORT)

Kiedyś była to bardzo niebezpieczna część miasta. Marynarze
zabawiali się tu z panienkami lekkich obyczajów. Dzisiaj można tu
spokojnie wpaść na śledzia i coś mocniejszego. A jeśli to wam nie
odpowiada, a pogoda jest ładna, zróbcie tak, jak robią miejscowi:
kupcie w sklepie kilka butelek piwa, usiądźcie na nabrzeżu
i popatrzcie, jak żyje miasto.

LA GLACE

Zanurzcie się w lodach. Kopenhaska LA GLACE jest jak
katedra w Santiago de Compostela. Została założona w 1870
roku i jest najstarszą duńską cukiernią.

OGRODY TIVOLI

Ogrody Tivoli powstały w 1843 roku. To jedna z największych atrakcji Kopenhagi, wielu mieszkańców stolicy kupuje roczne karty wstępu. Najwięcej ludzi odwiedza Tivoli latem, ale najbardziej *hyggeligt* jest tam od połowy listopada do stycznia, kiedy ogród przygotowuje się do świąt Bożego Narodzenia i do sylwestra. To istna feeria świateł. Setki tysięcy światełek rozświetlają zimowe ciemności, zamieniając Tivoli w miejsce magiczne. Przy jednym z licznych ognisk można wypić *gløgg*, można też rozgrzać się przy kominku w pobliskim Nimb Bar.

PRZEJAŻDŻKA ŁODZIĄ
PO CHRISTIANSHAVN

Christianshavn to część miasta leżąca na obrzeżach
centrum, oddzielona od niego wewnętrznym portem.
Liczne kanały przywodzą na myśl Amsterdam. Tę część
miasta poznaje się najlepiej podczas przejażdżki łodzią.
Nie zapomnijcie wziąć ze sobą koców, wina i koszyka
z jedzeniem.

GRÅBRØDRE TORV

Otoczony starymi kamienicami rynek przenosi nas o kilka wieków
w przeszłość. To niezwykle *hyggelig* miejsce zawdzięcza nazwę
klasztorowi zakonu Szarych Braci (Grå Brødre), założonemu tu
w 1238 roku. Wokół jest wiele bardzo przyjemnych restauracji.
W Peder Oxe znajdziecie klasyczne duńskie *smørrebrød* i będziecie
mogli posiedzieć przed kominkiem. Nawet jeden z tutejszych
salonów fryzjerskich ma kominek. I buldoga francuskiego, który
zapewne wskoczy wam na kolana i będzie wam towarzyszył podczas
strzyżenia. Pełnia *hygge*. Jeśli będziecie mieli szczęście, będziecie
też mogli popatrzeć, jak na rynku na ruszcie piecze się prosiak.

VÆRNEDAMSVEJ

Po ulicy Værnedamsvej samochody jeżdżą zygzakiem – między rowerzystami i pieszymi. Ta krótka uliczka sprawi, że zwolnicie tempo i zaczniecie się napawać zapachem kwiatów i kawy. Floryści, kawiarnie, bary z winem i sklepy z nowoczesnym dizajnem sprawiają, że to idealne miejsce na leniwe popołudnie pełne *hygge*.

SMØRREBRØD

Smørrebrød znaczy dosłownie chleb posmarowany masłem. Jest to rodzaj kanapki z żytniego chleba. Duńczycy uwielbiają żytni chleb. To jedna z najważniejszych rzeczy, za którymi tęsknią, kiedy są za granicą. Natomiast mieszkający w Danii cudzoziemcy nazywają go sandałami diabła. Duński chleb żytni smakuje bowiem dość specyficznie i jest bardzo twardy. Tak czy inaczej *smørrebrød* to klasyczna duńska kanapka lunchowa. Może być ze wszystkim: ze śledziem, z plasterkiem pieczeni wołowej, z jajkiem, z owocami morza. Miewa też bardzo barwne nazwy, na przykład nocna przekąska weterynarza. *Smørrebrød* zwykle podaje się z piwem lub ze sznapsem. W Kopenhadze znajdziecie wiele miejsc, w których podaje się tradycyjne *smørrebrød*. Na ogół wszystkie są bardzo *hyggelige*.

LIBRARY BAR

W Plaza Hotel w pobliżu Dworca Głównego znajduje się otwarty w 1914 roku Library Bar. Są tu kanapy, drewniane panele, oprawne w skórę książki i bardzo *hyggelig* oświetlenie. Od czasu do czasu jest też muzyka na żywo, ale zwykle można tu do późna prowadzić spokojne rozmowy. W okolicach Bożego Narodzenia atrakcją jest choinka – zwisająca z sufitu do góry nogami.

ROZDZIAŁ JEDENASTY

BOŻE NARODZENIE

TO NAJBARDZIEJ
HYGGELIG CZAS W ROKU

Dla wielu ludzi – również dla Duńczyków – Boże Narodzenie to cudowny czas. Choć cudowny to bynajmniej nie jedyne określenie tych świąt. Gdyby poprosić ludzi różnych narodowości o opisanie Bożego Narodzenia jednym słowem, to takie przymiotniki, jak: szczęśliwe, radosne, ciepłe i serdeczne wymienialiby pewnie najczęściej. Duńczycy zgodziliby się z większością z tych określeń, ale – zastrzegliby – brakuje najtrafniejszego. Zapomniano o hyggelig!

W Danii w ciągu jednego miesiąca w roku dni są tak krótkie, że trzeba mieć wiele szczęścia, żeby trafić na przebłysk słońca. Jadąc na rowerze do lub z pracy w zimnie, wilgoci i całkowitej ciemności, można zacząć się zastanawiać, dlaczego ktokolwiek chce tu mieszkać. Tak, wiem, że w Danii temperatura nie spada do minus trzydziestu stopni. Nie mamy też problemów z huraganami czy tsunami. Żyjąc tu, łatwo jednak nabrać przekonania, że bogowie pogody czują do Duńczyków jakąś niechęć, że chcą, żeby było nam źle i nieprzyjemnie przynajmniej przez jeden miesiąc w roku.

Jakkolwiek wydaje się to niewiarygodne, to właśnie ten miesiąc jest w Danii uznawany za najbardziej *hyggelig*. Duńczycy po prostu nie pozwalają pogodzie i prawom natury determinować swego emocjonalnego dobrostanu. Zamiast więc zapadać w stan hibernacji – do czego w istocie wydają się nas skłaniać wilgotne grudniowe poranki – postanowili zrobić najlepszą z możliwych rzeczy.

Nawet jeśli *hygge* można właściwie mieć przez cały rok, tylko raz w roku jest ono ostatecznym celem całego miesiąca. Gdyby Duńczyk miał nie osiągnąć *hygge,* cały jego trud włożony w przygotowanie Bożego Narodzenia poszedłby na marne.

Kasztany, kominek, przyjaciele i rodzina zgromadzeni wokół stołu ze świątecznymi smakołykami, czerwono–zielono–złote dekoracje, świeży świerkowy zapach choinki, kolędy, które wszyscy znają, i programy w telewizji, dokładnie te same, co zeszłego roku – i każdego poprzedniego – to elementy poczciwego Bożego Narodzenia jak świat długi i szeroki. Od Dallas po Durban ludzie znają fabułę *Opowieści wigilijnej.* W nie mniejszym stopniu dotyczy to Danii.

Pewne bożonarodzeniowe rytuały są co prawda specyficznie
duńskie, lecz jeśli chodzi o zwyczaje i tradycje, duńskie Boże
Narodzenie nie różni się znacząco od niemieckiego, francuskiego
czy angielskiego.

Specyficzne dla Danii jest natomiast to, że duńskie Boże Narodzenie
zawsze jest planowane, obmyślane i oceniane z punktu widzenia
hygge. W żadnej innej porze roku Duńczycy nie mówią o *hygge*
tak często. Dosłownie każdy pretekst jest dobry, żeby użyć tego
słowa. Istnieje też oczywiście złożone słowo *julehygge* – *hygge*
bożonarodzeniowe. Jest ono jednocześnie przymiotnikiem
i czasownikiem. „Czy chcesz wpaść trochę po*julehygge*'ować?".

W tym rozdziale chciałbym spróbować pokazać, jak powinno
wyglądać prawdziwie *hyggelig* Boże Narodzenie – idealne duńskie
święta. Jest to zadanie niezwykle delikatne, bowiem każdy Duńczyk
przepada za swoim Bożym Narodzeniem i podejrzewam, że
wielu z nich nie zgodzi się z tym, co zamierzam przedstawić. Ale
większość z nich zapewne rozpozna więcej niż jedną z własnych
tradycji bożonarodzeniowych.

RODZINA I PRZYJACIELE

Co roku w drugiej połowie grudnia odbywa się wielka migracja. Mieszkańcy Kopenhagi pochodzący z innych części kraju pakują walizki i tony prezentów i wskakują do pociągu jadącego do ich rodzinnego miasta.

Hyggelig Boże Narodzenie zaczyna się i kończy w gronie rodziny i przyjaciół. To wśród nich czujemy się bezpiecznie, z nimi jest nam dobrze. Oni nas znają, my zaś lubimy spędzać z nimi czas, bo ich kochamy. Po raz kolejny okazuje się, że jakość naszych relacji z ludźmi to jeden z najważniejszych czynników emocjonalnego dobrostanu.

Na co dzień wielu z nas czuje, że zbyt rzadko spotyka się z tymi, których kocha. Boże Narodzenie to okazja, żeby to nadrobić: zebrać się wokół zastawionego pysznościami stołu, cieszyć się życiem i swoim towarzystwem. To kluczowy składnik bożenarodzeniowego *hygge*. Na całym świecie ludzie robią to każdego roku, lecz tylko w duńskich domach wszyscy wydają zbiorowe westchnienie ulgi, kiedy ktoś w końcu stwierdzi, że jest bardzo *hyggeligt*. W tym momencie zarówno goście, jak i gospodarze czują, że Boże Narodzenie nadeszło i zapanował właściwy duch *hygge*.

Nie wystarczy jednak rodzina, żeby Boże Narodzenie było w pełni *hyggelig*. Nawet jeśli większość ludzi widuje przyjaciół i rodzinę tylko od święta, to przecież jest to możliwe przez cały rok.

TRADYCJE

POTRAWY

Żeby osiągnąć *hygge* w okresie Bożego Narodzenia, trzeba przestrzegać pewnych rytuałów i tradycji. Duńskie Boże Narodzenie wymaga odpowiednich dekoracji, potraw i czynności, żeby można je było uznać za prawdziwie *hyggelig*.

Po pierwsze – potrawy. Duńskie potrawy. Ciężkie duńskie potrawy. Gdyby ktoś przeszukiwał internet dostatecznie długo, jestem przekonany, że znalazłby diety nakazujące jeść niemal wszystko. Tylko mięso lub tylko tłuszcz. Są diety wodne, diety z mnóstwem węglowodanów i całkiem ich pozbawione. Bywają diety warzywne, a nawet diety słoneczne. Teraz jednak przyjrzyjmy się diecie dopuszczającej duńskie potrawy bożonarodzeniowe.

Głównym bohaterem świątecznego stołu jest mięso – albo pieczeń wieprzowa, albo kaczka, często zaś i jedno, i drugie. Towarzyszą im gotowane ziemniaki, gotowane ziemniaki z karmelem, duszona słodko-kwaśna czerwona kapusta, sos i ogórki konserwowe. Niektórzy jedzą jeszcze kapustę duszoną ze śmietaną, kiełbaski i różne rodzaje pieczywa.

Dopełnieniem uczty jest prawdziwie duński wynalazek – *risalamande*, z francuskiego *ris à l'amande*, co brzmi bardziej wyszukanie. Jest to bita śmietana wymieszana pół na pół z ugotowanym ryżem z dodatkiem drobno posiekanych migdałów. Wszystko polewa się gorącym sosem wiśniowym. Jedzenie *risalamande* to jednak nie tylko rozkosz dla podniebienia. To także towarzyska zabawa. W wielkiej misce z deserem ukryty jest bowiem jeden cały migdał.

Zwykle kiedy każdy dostanie już swoją porcję *risalamande*, w pokoju zapada cisza. Krążą spojrzenia. Przypomina to raczej grę w pokera albo strzelaninę z westernu niż świąteczną tradycję. Komu trafił się migdał? Ten, kto go znajdzie, dostaje prezent i przepowiednię, z której dowie się, że los zawsze będzie mu sprzyjał. I muszę przyznać, że rzeczywiście mam wrażenie, że niektórzy w jakiś dziwny sposób znajdują migdał częściej od innych.

Wkrótce ciszę zastępuje grad dociekliwych pytań: „To ty znalazłeś migdał, prawda?", „Ukryłeś go jak w zeszłym roku, no nie?". Ten, kto znajdzie migdał, powinien go schować i nie przyznawać się, że go znalazł, żeby zachęcać pozostałych do zjedzenia swoich porcji do końca. Wszystko zamienia się więc w coś w rodzaju perwersyjnego konkursu jedzenia. W Boże Narodzenie, jedząc deser, udzielasz się towarzysko bardzo *hyggelig*. Brzmi apetycznie? Przekonajcie się sami. Na szczęście dla naszych figur taką ucztę fundujemy sobie tylko raz w roku.

DEKORACJE

Nie ma *hyggelig* Bożego Narodzenia bez odpowiednich dekoracji.
Są różnorodne bodaj jeszcze bardziej niż potrawy, ponieważ każda
rodzina dziedziczy dekoracje po rodzicach i dziadkach. Mogą to
być figurki *nisse*, rodzaj elfów czy krasnoludków, zwierzęta i Święty
Mikołaj, miniszopka lub plecione serca z kolorowego błyszczącego
papieru.

Plecione papierowe serca rzadko spotyka się poza Danią. Pomysł
przypisuje się Hansowi Christianowi Andersenowi, który był
mistrzem wycinanek. Robi się je z dwóch warstw błyszczącego
papieru, które – odpowiednio splecione – tworzą serce. Mogą mieć
różne kolory i być ozdobione różnymi motywami, ale każdy Duńczyk
potrafi je zrobić. Wy też możecie się tego nauczyć, korzystając
z instrukcji przedstawionej na stronie 235.

Są też oczywiście świece. Ponieważ sto procent czasu, który
w grudniu spędzamy w domu, to czas ciemności, oświetlenie staje
się niezbędne. A świece są *hyggelige*. Duńczycy mają specjalne
świeczki adwentowe, która odmierzają czas od pierwszego
grudnia do Wigilii. Codziennie spala się odpowiedni kawałek.
Większość z nas zapala je jednak w większym gronie. Albo rano,
przed wysłaniem dzieci do szkoły, albo po południu, kiedy rodzina
zasiada do kolacji. Świeczka staje się wtedy centralnym punktem
skupiającym uwagę całej rodziny. Poza tym doskonale pasuje do
ogólnego odliczania dni do Wigilii, co jest niemal narodowym
fetyszem.

ODLICZANIE DO *HYGGE*

Świeczka adwentowa to nie jedyny sposób, w jaki Duńczycy liczą dni do najbardziej hyggelig *dni w roku. Duńskie dzieci mają też kalendarze adwentowe, w których codziennie otwierają kolejne okienko z innym obrazkiem.*

Kosztowniejszą wersją jest kolekcja małych pudełeczek, które zawierają bożonarodzeniowe świecidełka albo słodycze. W niektórych rodzinach istnieje tradycja obdarowywania dzieci specjalnymi kalendarzami z prezentami. Dzieci każdego dnia dostają drobne prezenty, aż do Wigilii, kiedy to dostają prezenty „prawdziwe".

No i jest też kalendarz adwentowy w telewizji. Adresowany jest głównie do mniejszych dzieci. Dostarcza im przyjemnej rozrywki, która ma im skrócić czas oczekiwania na wielki dzień. Ambicją każdego kanału jest własny *julekalender*, kalendarz adwentowy. Jest to zwykle serial składający się z dwudziestu czterech odcinków, odnoszący się tematycznie do Bożego Narodzenia. Kulminacyjnym punktem jest odcinek nadawany dwudziestego czwartego grudnia, w samą Wigilię, w czasie kiedy rodzice są zajęci ostatnimi przygotowaniami.

Żeby atmosfera była prawdziwie świąteczna, stałym bohaterem wszystkich programów jest Lunte, *nisse*, który pozdrawia wszystkich, wołając: *Hygghejsa!* Cześć, *hygge*! Co roku powstaje nowy kalendarz, a poza tym zawsze powtarza się któryś z poprzednich lat. Dla dzieci jest to zawsze znakomita zabawa, a i dorośli zerkają na ekran i uśmiechają się sami do siebie. Przypominają sobie, jak to będąc dziećmi i czekając na nadejście świąt, oglądali te same programy.

Oczywiście wszystko to samo w sobie jest *hyggelig*. Poza tym należy do tradycji. A tradycja tworzy *hygge*. Przypomina nam bowiem o dawnych dobrych czasach, o świętach spędzanych w gronie przyjaciół i rodziny. Świąteczne rytuały mają ogromny potencjał *hygge*, obecny w naszym życiu od zawsze. Nie wyobrażamy sobie, żeby mogło ich zabraknąć. Święta bez nich nie byłyby prawdziwymi świętami.

WYŚCIG
DO ODPOCZYNKU

*Macie wrażenie, że czytając o przygotowaniach
do prawdziwych duńskich świąt, odpoczywacie?
Doskonale to rozumiem. Bo wszystko, o czym
piszę w tym rozdziale, służy do tworzenia
bożenarodzeniowego hygge.*

Jeśli nie czujemy *hygge*, to coś jest nie w porządku. Boże Narodzenie
może się okazać porażką.

Przygotowania do prawdziwie *hyggelig* Bożego Narodzenia mogą
być stresujące, chociaż jednocześnie są też bardzo *hyggelige*.
Może się to komuś wydać sprzeczne. Niesłusznie. Bowiem *hygge*
jest możliwe tylko wtedy, kiedy przeciwstawimy je czemuś, co
nie jest *hygge*. Sensem atmosfery *hygge* jest to, że stanowi ona
alternatywę dla wszystkiego, co w naszym codziennym życiu takie
nie jest. Chodzi o to, żeby na chwilę odciąć się od wszystkiego,
co jest *u-hyggelig*. Żeby można było docenić *hygge*, musi istnieć
anty-hygge. Życie może się wydawać stresujące, niebezpieczne
i niesprawiedliwe. Często myślimy głównie o pieniądzach i pozycji
społecznej. Ale kiedy wokół nas panuje *hygge*, wszystkie problemy
idą w zapomnienie.

Pamiętacie moją znajomą, która stwierdziła, że w naszej chacie
w lesie byłoby jeszcze bardziej *hyggeligt*, gdyby na zewnątrz
rozszalała się burza śnieżna? Na tym właśnie polega *hygge*. Na
cieszeniu się chwilą, tu i teraz, i odcięciu się od świata.

Mając to na uwadze, lepiej rozumiemy zamieszanie towarzyszące przygotowaniom do świąt. Świadomość, że poświęciliśmy na to dużo czasu, pieniędzy i nerwów, sprawia, że *hygge* może osiągnąć kulminację. Wiedząc, że przyjaciele i rodzina ciężko pracowali przez cały grudzień, dokładając wszelkich starań, żeby w święta nie myśleć o pracy, o pieniądzach i sprawach doczesnych, tylko skupić się na byciu razem, bardziej doceniamy znaczenie *hygge*.

Ale nawet w święta istnieje pewne zagrożenie dla *hygge*. Bo skoro *hygge* ma oznaczać odcięcie się od spraw codziennych, od pracy i finansów, to obdarowywanie się nawzajem prezentami zawsze niesie ryzyko, że odświętna, czysta atmosfera *hygge* może zostać zakłócona.

Obdarowywanie się prezentami może sprawić, że ktoś poczuje się dotknięty, że czyjaś pozycja zostanie podkreślona. Prezenty nie powinny być zbyt kosztowne, żeby obdarowany nie znalazł się w kłopotliwej sytuacji. Demonstrowanie wyższości nie sprzyja *hygge*. W Danii *hygge* jest egalitarne. Najważniejsze są łączące ludzi więzi, poczucie wspólnoty. Nie należy próbować skupiać na sobie uwagi. *Hygge* nie jest możliwe, kiedy ktoś czuje się wykluczony ze wspólnoty ani kiedy ktoś za wszelką cenę chce się wywyższyć.

Dlatego Boże Narodzenie jest najlepsze wtedy, kiedy staramy się przestrzegać przedstawionych zasad. Kiedy zachowujemy umiar w obdarowywaniu się prezentami. Na szczęście gdy prezenty zostaną już rozdane, pozostaje jeszcze wiele dni, które możemy poświęcić na odpoczynek i cieszenie się *hygge*. Aż do sylwestra, kiedy na chwilę znów musimy poświęcić *hygge* i oddać się kolejnym przygotowaniom.

ÆBLESKIVER
(E-BLE-SKI-VO)

───

Tradycyjnym duńskim daniem serwowanym w okresie Bożego
Narodzenia są *æbleskiver*. Pamiętajcie, żeby podać do nich *gløgg*.
Potrzebna wam będzie specjalna patelnia. Możecie spróbować
poszukać jej w sklepie albo zamówić przez internet.

4–6 porcji

3 jajka	½ łyżeczki proszku do pieczenia
450 ml mleka	3 łyżki stołowe roztopionego masła
250 g mąki	
1 łyżka stołowa cukru	cukier puder
¼ łyżeczka soli	dżem

1. Wymieszaj żółtka, mleko, mąkę, cukier, sól i proszek do pieczenia. Przykryj miskę i zostaw ciasto, żeby odpoczęło.

2. Kiedy ciasto urośnie, ubij białka na sztywną pianę i delikatnie wymieszaj z ciastem.

3. Patelnię rozgrzej i do każdego zagłębienia włóż trochę masła. Wlej ciasto – wypełnij zagłębienie w trzech czwartych – i smaż na średnim ogniu. Często przewracaj, żeby *æbleskiver* smażyły się równo. Zwykle zajmuje to pięć do sześciu minut. Pierwszy raz należy je obrócić, kiedy spód zaczyna się robić brązowy, a ciasto na górze jeszcze jest lejące. Do sprawdzenia można użyć wykałaczki albo szpikulca do grilla.

4. Podawaj gorące, z cukrem pudrem i ulubionym dżemem.

BOŻONARODZENIOWE PLECIONE SERCA

W Danii istnieje tradycja dekorowania choinki wyplatanymi z papieru sercami.

Pochodzenie tej tradycji nie jest znane, ale najstarsze znane nam plecione serce zostało zrobione w 1860 roku przez Hansa Christiana Andersena. Do dzisiaj można je oglądać w muzeum. Na początku XX wieku plecenie bożonarodzeniowych serc z błyszczącego kolorowego papieru stało się bardzo modne. Uważano, że wyplatanie kolorowych serduszek pozwala dzieciom ćwiczyć zdolności manualne. Dzisiaj rodziny mające dzieci w grudniowe niedziele mnóstwo czasu spędzają na wyplataniu bożonarodzeniowych serc.

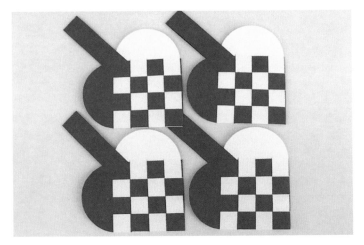

JAK WYPLEŚĆ PAPIEROWE SERCE

Potrzebujecie: dwóch kartek kolorowego papieru w różnych
kolorach (w tym przypadku użyto czerwonego i niebieskiego),
nożyczek, ołówka i odrobiny cierpliwości:

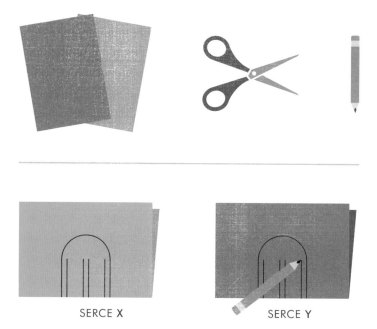

SERCE X   SERCE Y

KROK 1:

Złóżcie kolorowe kartki na pół. Jeśli kartka jest kolorowa tylko
z jednej strony, upewnijcie się, że kolor jest na zewnątrz.

Na zewnętrznej stronie każdej złożonej kartki narysujcie literę U,
zaznaczając cztery linie proste (jedno serce X, drugie serce Y).
U powinno się kończyć równo z grzbietem kartki.

NIE TNIJCIE WZDŁUŻ GRZBIETU

KROK 2:
Wytnijcie zaznaczone kształty, w dwóch różnych kolorach.

Każda wycinanka będzie się składała z dwóch warstw papieru i pięciu skrzydełek.

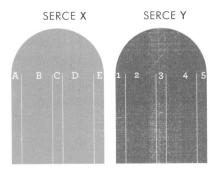

SERCE X   SERCE Y

KROK 3:
Zacznijcie pleść: jeden pasek ma przechodzić między warstwami drugiego. Przeplatajcie na zmianę przylegające do siebie paski.

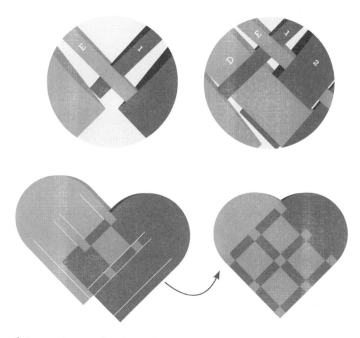

Żeby wypleść serduszko, należy przeciągnąć niebieski pasek 1 przez czerwony pasek E, pasek D należy przepleść przez pasek 1, pasek 1 przez pasek C, pasek B przez pasek 1, a pasek 1 przez pasek A.

Powtórzcie to wszystko z paskiem 2, ale w odwrotnej kolejności: przeplećcie pasek E przez pasek 2.

Z paskiem 3 należy postąpić tak jak z paskiem 1: przepleść 4 jak 2, a 5 jak 3 i 1.

Kiedy pasek 5 zostanie przepleciony przez pasek A, serce będzie skończone.

Zdobyliście sprawność prawdziwego Duńczyka!

ROZDZIAŁ DWUNASTY

HYGGE LATEM

ŻYCIE JEST PROSTE

*Lato raczej nie zachęca do palenia świec i ognia
w kominku, tym niemniej ono też może być* hyggelig.
*Lato to zapach świeżo skoszonej trawy, opalonej skóry,
kremów z filtrem i słonej wody.*

Lato to lektura książki w cieniu drzewa w długie letnie noce
i wystawanie z przyjaciółmi wokół grilla. Lato wcale nie oznacza,
że poziom *hygge* się obniża. Tyle tylko że letnie *hygge* różni się od
hygge jesiennego czy zimowego. Latem trzeba wykorzystać słońce
i ciepło, ale także ta pora roku stwarza wiele możliwości wspólnego
spędzania czasu i dobrego jedzenia. Oto kilka pomysłów na to, jak
zapewnić sobie *hygge* latem.

1. CYDR RZĄDZI

Co może być bardziej *hyggelig* od spędzenia całego dnia na zbieraniu owoców w sadzie? Raz w roku przeprawiam się razem z przyjaciółmi na Fejø, małą wysepkę na południu Danii, słynącą z jabłek. A także ze śliwek. Jeśli zawitamy tam późnym latem, śliwki opale będą już dojrzałe, a niektóre gatunki jabłek gotowe do zbiorów.

Dzień spędzony w sadzie zapewnia nam *hygge* również na kolejne dni, kiedy będziemy smażyć konfitury i robić przetwory. W tym roku postawiliśmy na cydr. Może to właśnie on stanie się tematem naszego spiżarnia party?

W wielu krajach na wsiach są sady, w których można samemu zebrać owoce. Sprawdźcie, czy są też w waszej okolicy.

2. GRILL DLA RODZINY I PRZYJACIÓŁ

Nic nie dodaje tak dużo *hygge* jak grill. Ten rodzaj *hygge* praktykowany jest niemal wszędzie na świecie. Zaproście przyjaciół i rodzinę na wspólne grillowanie. Czekając, aż ogień osiągnie właściwą temperaturę, zorganizujcie partię krokieta albo kubb, który polega na uderzaniu pałką w pałki innych graczy.

3. PRZYŁĄCZ SIĘ DO WSPÓLNOTY OGRODOWEJ BĄDŹ ZAŁÓŻ WŁASNĄ

Obecnie coraz popularniejsze stają się wspólnoty ogrodowe. Wyrastają wszędzie. W ten sposób nawet w mieście możemy poczuć atmosferę wsi, co niewątpliwie jest *hyggeligt*. Możesz zajmować się swoimi krzaczkami pomidorów, rozmawiając z innymi członkami wspólnoty. A przy okazji wypić razem z nimi kubek kawy. *Hyggeligt*, prawda? Poza tym w ten sposób poznasz sąsiadów, co przyczyni się do wzmocnienia wspólnoty jako takiej. Co w tym złego?

Tworzenie wspólnot ogrodowych to jedna ze wskazówek zawartych w raporcie Instytutu Badań nad Szczęściem z badań prowadzonych w niewielkim mieście niedaleko Kopenhagi. Naszym zadaniem było wzmocnić więzi społeczne i zredukować poczucie osamotnienia i izolacji. Pomysł założenia wspólnoty ogrodowej spodobał nam się tak bardzo, że też postanowiliśmy taką stworzyć. I stworzyliśmy. Naprzeciwko naszego biura jest kościół, który dysponuje sporym terenem. Obliczyliśmy, że mogłoby tam powstać około dwudziestu grządek. W porozumieniu z pastorem kupiliśmy siedem ton ziemi i poświęciliśmy jedno niedzielne popołudnie na stworzenie prawdziwego ogrodu. Zakończyliśmy grillem. *Hygge*.

4. PIKNIK NA PLAŻY

Lato to idealna pora roku, żeby się wybrać na targ i napełnić koszyk truskawkami i czereśniami. Kupcie też arbuza.
I jeszcze chleb i ser. I macie gotowy kosz na piknik. Zwołajcie znajomych albo umówcie się z najbliższą osobą i znajdźcie jakieś przyjemne miejsce nad morzem. To przepis na dzień pełen *hygge*. Możecie spędzić go na rozmowach, czytaniu czy po prostu nicnierobieniu.

5. ROWER Z PRZYCZEPĄ

Jak można poznać okolicę lepiej, niż jeżdżąc po niej rowerem z przyczepką? Jako mieszkaniec Kopenhagi mogę czuć się w tym względzie uprzywilejowany, ale rozejrzyjcie się dookoła. Może znacie kogoś, kto mógłby wam pożyczyć taką przyczepkę chociaż na jeden dzień. Posadźcie w niej dzieciaki, żonę czy męża, rodziców, przyjaciela, może psa – chociaż raczej nie więcej niż dwie osoby – i ruszcie w drogę. Możecie jechać na rowerze albo go pchać. Tak czy inaczej wasza przyczepka szybko zamieni się w fortecę *hygge*.

Weźcie ze sobą poduszki, jakieś smakołyki, muzykę i kosz z jedzeniem – cokolwiek wam przyjdzie do głowy. To idealny sposób na spędzenie letniego popołudnia. A jeśli zaopatrzycie się w koc i gruby sweter, żadna pora roku nie będzie dla was przeszkodą. Któregoś roku pokazałem w ten sposób Kopenhagę pewnej pięknej Szwedce, w nadziei, że nastrojowe dekoracje bożenarodzeniowe zmiękczą jej serce. Niestety. Podobno to nie był właściwy czas, co, jak sądzę, w każdym języku znaczy: nic do ciebie nie czuję. Ale powodem mojej porażki na pewno nie był brak *hygge*.

ROWERY I SZCZĘŚCIE

Oprócz hygge, *baśni Hansa Christiana Andersena,*
Lego i dizajnu Dania słynie też z miłości do rowerów.

Jasne, że łatwo być narodem rowerofilów, kiedy najwyższa góra
w kraju ma zaledwie dwieście metrów, a miasta inwestują duże
pieniądze w rowerową infrastrukturę. Podatek od samochodów
w wysokości od pięćdziesięciu do stu osiemdziesięciu procent
prawdopodobnie też odgrywa pewną rolę.

Tak czy inaczej Duńczycy kochają rowery i chętnie ich używają.
Czterdzieści pięć procent mieszkańców Kopenhagi, tych, którzy tu
pracują bądź się uczą, jedzie do pracy czy szkoły na rowerze. Około
jednej trzeciej ludzi, którzy pracują w Kopenhadze, ale mieszkają
na jej obrzeżach, dojeżdża do pracy rowerem. Podejrzewam, że
większość z nas uważa, że jazda na rowerze to dobry sposób, żeby
zapewnić sobie trochę ruchu – no i odbywa się to bez szkody
dla środowiska i portfela. Ale to nie jest główny powód tego, że
mieszkańcy Kopenhagi jeżdżą na rowerach. Robimy to, bo tak jest
łatwiej i wygodniej, bo w ten sposób można najszybciej dostać się
z punktu A do punktu B. A poza tym – co należy szczególnie mocno
podkreślić – jazda na rowerze czyni ludzi szczęśliwszymi.

Obszerne badania przeprowadzone w 2014 roku przez Uniwersytet
Anglii Wschodniej, a konkretnie Wydział Medycyny i Ośrodek
Ekonomii Zdrowia we współpracy z Uniwersytetem Jorku, objęły
niemal osiemnaście tysięcy dorosłych powyżej osiemnastego
roku życia i pokazały, że ludzie, którzy jeżdżą do pracy rowerem,
są szczęśliwsi od tych, którzy jeżdżą samochodem czy środkami
komunikacji miejskiej.

Oczywiście możecie powiedzieć, że nie ma żadnej pewności, że to właśnie jazda na rowerze czyni ich szczęśliwszymi. Być może jest odwrotnie: ludzie, którzy czują się szczęśliwi, chętniej jeżdżą rowerami. To prawda, ale gdy naukowcy zaczęli analizować wyniki badań, odkryli, że ludzie, którzy w ciągu ostatnich dziesięciu lat zamienili samochód na rower bądź zaczęli chodzić na piechotę, stali się z czasem szczęśliwsi. A jeśli nadal nie jesteście przekonani, to przytoczę wyniki kolejnych badań, tym razem przeprowadzonych przez naukowców z Uniwersytetu McGill w Montrealu. Otóż doszli oni do wniosku, że ludzie, którzy jeżdżą do pracy rowerem, są bardziej zadowoleni ze swojego środka transportu niż inni, nawet jeśli jadą do pracy dłużej.

A jeśli samo poczucie szczęścia nie jest dla was wystarczającym argumentem, dodam, że z badań przeprowadzonych w Holandii – to kolejny kraj miłośników rowerów – przez uniwersytet w Utrechcie wynika, że przesiadka z samochodu na rower przedłuża życie od trzech do czternastu miesięcy. Zaś duńskie badania wykazały, że dzieci, które jeżdżą do szkoły na rowerach, mają znacznie lepszą kondycję niż ich rówieśnicy podwożeni samochodami, co zresztą chyba dla nikogo nie powinno być zaskoczeniem.

No dobrze, powiecie. Jeżdżąc na rowerze, będę szczęśliwszy i zdrowszy. I co z tego? Co mi to da? Pieniędzy mi od tego nie przybędzie. Nie wiem, czy mój argument do was trafi, ale moja odpowiedź brzmi: wszyscy na tym zyskujemy, bo jazda na rowerze jest dobra dla społeczeństwa. Służy nie tylko jednostce, jej zdrowiu i dobremu samopoczuciu, ale jest też wskaźnikiem poczucia wspólnoty danej społeczności.

Szwedzkie badania z 2012 roku, przeprowadzone na grupie obejmującej dwadzieścia jeden tysięcy respondentów, wykazały, że ludzie jeżdżący głównie samochodami rzadziej uczestniczą w imprezach towarzyskich i spotkaniach rodzinnych. Co więcej, samochodziarze są bardziej nieufni wobec innych. Ludzie, którzy częściej jeżdżą na rowerach czy chodzą pieszo, częściej też biorą udział w spotkaniach towarzyskich i generalnie są bardziej ufni.

Oczywiście nie znaczy to, że zamiana samochodu na rower natychmiast sprawi, że zaczniecie bardziej ufać innym. Autorzy badań zwracają uwagę na fakt, że dzisiaj ludzie mają coraz dalej do pracy, co z kolei jest skutkiem bardziej elastycznego rynku pracy. Znajdujemy pracę coraz dalej od miejsca zamieszkania. To co prawda poszerza naszą sieć kontaktów społecznych, ale jednocześnie osłabia poczucie przynależności do miejscowej wspólnoty i zaangażowanie w miejscowe problemy. Jeśli miasto jest zaprojektowane tak, że podróż do pracy trwa dłużej, szkodzi to lokalnej wspólnocie. Jeśli chcemy, żeby lokalne społeczności łączyły silne więzi sąsiedzkie i żeby ludzie sobie wzajemnie ufali, powinniśmy brać to pod uwagę, tworząc plany zagospodarowania przestrzennego.

ROZDZIAŁ TRZYNASTY

PIĘĆ
WYMIARÓW
HYGGE

Jakkolwiek hygge może być traktowane jako pojęcie abstrakcyjne i nieuchwytne, wierzę, że możemy je uchwycić wszystkimi zmysłami. Hygge ma smak, brzmienie, zapach i konsystencję. Mam więc nadzieję, że zaczniecie je dostrzegać wokół siebie.

SMAK *HYGGE*

Smak jest istotnym składnikiem hygge, *gdyż* hygge
*często odnosi się do jedzenia. To coś, co jemy,
nie może być nam nieznane ani zbyt wyszukane,
w żaden sposób nie może stanowić wyzwania.*

Smak *hygge* niemal zawsze jest znajomy, słodki i przyjemny.
Jeśli chcecie, żeby herbata była bardziej *hyggelig*, dodajcie
do niej miodu. Jeśli chcecie, żeby ciasto, które upiekliście,
było bardziej *hyggelig*, polukrujcie je. A jeśli potrawka ma być
bardziej *hyggelig*, dodajcie do niej wina.

D Ź W I Ę K I *H Y G G E*

Małe iskierki i wesołe trzaski palącego się drewna to zapewne najprzyjemniejsze dźwięki, jakie istnieją, najbardziej hyggelige. *Ale jeśli mieszkacie w bloku, gdzie otwarty ogień groziłby śmiercią, nie martwcie się.*

Jest wiele dźwięków, które mogą być *hyggelige.* Chociaż, prawdę mówiąc, *hygge* kojarzy się głównie z brakiem dźwięków. Można wtedy usłyszeć każdy najmniejszy hałas: krople deszczu na dachu, wiatr za oknem, szum drzew na wietrze, trzeszczenie drewnianych desek pod stopami. Także dźwięki, które towarzyszą takim czynnościom, jak rysowanie, gotowanie czy robienie na drutach, mogą być *hyggelige.* Każdy odgłos bezpiecznego otoczenia jest ścieżką dźwiękową *hygge.* Na przykład odgłosy burzy mogą być bardzo *hyggelige,* jeśli jesteśmy w domu i czujemy się bezpieczni. Jeśli jesteśmy na dworze – już raczej nie.

ZAPACH *HYGGE*

Czy zdarzyło się kiedyś, żeby jakiś zapach przeniósł was w przeszłość, do czasów i miejsc, w których czuliście się bezpieczni? Albo poczuliście zapach, który mocniej niż pamięć przywołał wspomnienie z lat dzieciństwa?

A może jest jakiś zapach, który sprawia, że czujecie się bezpieczni i beztroscy, na przykład opary z piekarni, woń jabłoni z ogrodu dzieciństwa albo znajomy zapach domu rodziców?

Nie ma jednej rzeczy, która sprawia, że jakiś zapach jest *hyggelig*, ponieważ zapachy odnoszą się do naszych osobistych doświadczeń z przeszłości. Dla niektórych zapach dymu papierosowego jest niezwykle *hyggelig*, innych przyprawia o mdłości i ból głowy. Wspólną cechą wszystkich zapachów *hygge* jest to, że kojarzą nam się z poczuciem bezpieczeństwa. Używamy zmysłu powonienia, żeby osądzić, czy coś jest świeże i czy możemy to bezpiecznie zjeść, ale też żeby ocenić, czy miejsce, w którym się znajdujemy, jest bezpieczne, czy może powinniśmy zachować czujność. Zapach *hygge* to zapach, który mówi nam, że możemy całkowicie opuścić gardę. Zapach gotowania, zapach pościeli, w której spaliśmy w domu, albo zapach miejsc, które uważamy za bezpieczne: wszystkie one mogą się nam kojarzyć z *hygge*, bo przypominają nam chwile, kiedy czuliśmy się całkowicie bezpieczni.

JAK MOŻNA POCZUĆ HYGGE?

―――――――

Jak już wspomniałem, przesuwanie palcem po powierzchni drewna albo ciepłej filiżanki, albo po sierści renifera sprawia, że czujemy hygge.

Stare rzeczy, wykonane domowym sposobem, wymagały dużo pracy, ale mają w sobie więcej *hygge* niż nowe, kupione w sklepie. Rzeczy małe zwykle mają w sobie więcej *hygge* niż duże. Jeśli hasłem Stanów Zjednoczonych jest: im większe, tym lepsze, to hasłem Danii jest: im mniejsze, tym więcej *hygge*.

Niemal wszystkie budynki w Kopenhadze mają trzy lub cztery piętra. Nowe domy z betonu, szkła i stali nie mają w konkurencji z *hygge* żadnych szans. Wszystko stworzone prawdziwie rzemieślniczym sposobem – przedmioty z drewna, ceramiki, wełny i skóry – jest *hyggelig*. Błyszczący metal i szkło nie mają w sobie *hygge* – chyba że są dostatecznie stare. Rustykalne, organiczne powierzchnie czegoś niedoskonałego czy naznaczonego przez czas przywołują poczucie *hygge*. *Hygge* to poczucie, że jest się w środku czegoś ciepłego, podczas gdy na zewnątrz jest zimno. To coś, co dodaje nam otuchy we wrogim otoczeniu.

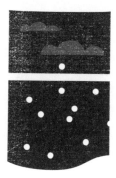

ZOBACZYĆ HYGGE

Hygge w dużej mierze odnosi się do światła. To, co zbyt jasne, nie jest hyggelig. *Ale* hygge *dotyczy w dużej mierze także tego, jak odczuwamy czas.*

Hygge to także powolny ruch. Doświadczamy go, na przykład obserwując wirujące powoli płatki śniegu, *aqilokoq*, jak powiedzieliby Inuici, albo leniwe opadanie płatków sadzy z otwartego paleniska. Słowem – powolny organiczny ruch i ciemne, naturalne kolory dają poczucie *hygge*. Jasny, sterylny szpital i szybki ruch pojazdów na autostradzie – nie. *Hygge* jest przygaszone, proste i powolne.

SZÓSTY ZMYSŁ
HYGGE

Hygge *to poczucie bezpieczeństwa, zaufanie do otaczających nas ludzi i miejsca, w którym przebywamy.*

Poczucie *hygge* przekłada się na przyjemność, którą odczuwamy, kiedy ktoś mówi nam, żebyśmy podążali za własną intuicją. Doświadczamy go też, gdy rozszerzamy swoją strefę bezpieczeństwa na innych ludzi, takich, wśród których możemy się czuć w pełni sobą.

Tak więc *hygge* można smakować, słyszeć, wąchać, dotykać i widzieć. Najważniejsze jest jednak to, że *hygge* się czuje. Na początku książki wspomniałem o Kubusiu Puchatku. Sądzę, że jego mądrość nie straciła nic ze swojej ważności. Słowa miłość się nie literuje. Miłość to coś, co się czuje. A to prowadzi nas do tematu, który jest celem naszych rozważań: do szczęścia.

ROZDZIAŁ CZTERNASTY

HYGGE
I SZCZĘŚCIE

Przywódcy polityczni z całego świata zastanawiają się, dlaczego niektóre społeczeństwa są szczęśliwsze niż inne. Dzisiaj miarą sukcesu kraju często nie są już jedynie osiągane wskaźniki ekonomiczne, ale także poziom i jakość życia jego obywateli. To jedna z konsekwencji zmiany paradygmatu: produkt krajowy brutto przestał być główną miarą rozwoju. Sama idea nie jest nowa. Ponad czterdzieści lat temu mówił o tym Robert Kennedy:

> *„Produkt narodowy brutto nie odzwierciedla stanu zdrowia naszych dzieci, jakości ich wykształcenia i radości, jaką daje im zabawa. Nie opisuje piękna* ***naszej*** *poezji, trwałości naszych małżeństw,* ***poziomu*** *intelektualnego debaty publicznej czy poczucia integralności naszych urzędników państwowych... Krótko mówiąc, mierzy wszystko z wyjątkiem tego, co decyduje o tym, że warto żyć".*

To właśnie spowodowało ostatnio wzrost zainteresowania wynikami badań mierzących poziom szczęścia. W tego typu rankingach Dania niemal zawsze jest w czołówce. „Mniej więcej raz w roku kolejne badanie potwierdza pozycję Danii jako supermocarstwa szczęścia" – pisał dziennikarz „New Tork Timesa" w 2009 roku. I tak jest nadal.

Powstający na zlecenie Organizacji Narodów Zjednoczonych Światowy Raport Szczęścia został niedawno opublikowany po raz czwarty. Dania od początku zajmuje w nim pierwsze miejsce – z wyjątkiem jednego roku, kiedy spadła na trzecią pozycję. Ale raport ten jest tylko jedną z wielu publikacji, które umieszczają Danię i Kopenhagę na szczycie rankingów miejsc przyjaznych człowiekowi.

To samo zobaczymy, kiedy przyjrzymy się publikacjom OECD (Organizacji Współpracy Gospodarczej i Rozwoju) na temat satysfakcji z życia. Europejski Sondaż Społeczny i rankingi magazynu „Monocle" wielokrotnie umieszczały Kopenhagę na szczycie listy miast najlepszych do życia. Doszło do tego, że w Danii wyniki takich rankingów trafiają na pierwsze strony tylko, kiedy Dania spada z pierwszego miejsca. Duńczycy uśmiechają się, kiedy słyszą, że ich kraj jest najszczęśliwszym krajem na świecie. Bo przecież nie jest tak za sprawą pogody: kiedy w deszczowy lutowy poranek tkwią w korkach, raczej nie wyglądają na najszczęśliwszych ludzi na świecie.

Więc dlaczego Duńczycy są tacy szczęśliwi?

Pozycja Danii w rankingach szczęścia

Numer 1:
Światowy Raport
Szczęścia, 2016

Numer 3:
Światowy Raport
Szczęścia, 2015

Numer 1:
Indeks Lepszego Życia OECD,
Satysfakcja z życia, 2015

Numer 1:
Europejski Sondaż
Społeczny, 2014

Numer 3:
Indeks Lepszego Życia OECD,
Satysfakcja z życia, 2014

Numer 1:
Światowy Raport
Szczęścia, 2013

Numer 5:
Indeks Lepszego Życia OECD,
Satysfakcja z życia, 2013

Numer 1:
Światowy Raport
Szczęścia, 2012

Numer 1:
Europejski Sondaż
Społeczny, 2012

SZCZĘŚLIWI DUŃCZYCY

Międzynarodowe sondaże często wymieniają Danię jako najszczęśliwszy kraj na świecie, co oczywiście dodatkowo podsyca zainteresowanie badaczy. Co kryje się za tak wysokim poziomem szczęścia Duńczyków?

Na to pytanie nasz Instytut starał się odpowiedzieć w raporcie „Szczęśliwi Duńczycy – badanie powodów wysokiego poziomu szczęścia w Danii". Powodów jest oczywiście dużo. O tym, że w jednym kraju ludzie są szczęśliwsi niż w innym, decyduje wiele czynników. Przyczyniają się do tego genetyka, relacje międzyludzkie, zdrowie, zarobki, praca, poczucie sensu i wolność.

Jednym z głównych powodów zadowolenia Duńczyków jest niewątpliwie państwo dobrobytu, które obniża poziom niepewności, niepokoju i stresu. Można powiedzieć, że Dania jest najszczęśliwszym krajem na świecie albo że jest najmniej nieszczęśliwym krajem na świecie. Państwo dobrobytu nie jest oczywiście doskonałe, ale potrafi sprawić, że mało kto czuje się skrajnie nieszczęśliwy. Powszechna i bezpłatna opieka zdrowotna, bezpłatna edukacja wyższa i stosunkowo wysokie zasiłki dla bezrobotnych skutecznie redukują poczucie niezadowolenia. Ma to szczególnie duże znaczenie dla ludzi mniej zamożnych. To właśnie ta grupa jest w Danii znacznie szczęśliwsza niż w innych krajach.

W Danii mamy także do czynienia z wysokim stopniem zaufania społecznego – zwróćcie uwagę na dziecięce wózki zostawione na chodnikach przed kawiarniami. Z dużą wolnością – badania wykazują, że Duńczyków cechuje poczucie sprawczości w odniesieniu do własnego życia. Do tego Duńczycy są zdrowi, żyją w dobrze działającym państwie i w społeczeństwie obywatelskim.

Te czynniki nie odróżniają jednak Danii od innych krajów nordyckich. Norwegia, Szwecja, Finlandia i Islandia też cieszą się dobrobytem. Dlatego często trafiają na pierwsze miejsca rankingów mierzących zadowolenie z życia. Być może tym, co w tym kontekście wyróżnia Danię, jest właśnie *hygge*. Bo *hygge* i szczęście są ze sobą powiązane. *Hygge* można rozumieć jako codzienne dążenie do szczęścia. Jednocześnie kluczowe komponenty *hygge* same w sobie są wyznacznikami szczęścia. Przyjrzyjmy się więc niektórym z nich.

HYGGE JAKO
WSPARCIE SPOŁECZNE

Na podstawie tego, co stwierdziliśmy wcześniej, możemy próbować przedstawić główne powody, dla których obywatele jednych krajów są szczęśliwsi od obywateli innych. Mają w tym udział takie czynniki, jak: hojność, wolność, produkt krajowy brutto, dobrze zarządzane państwo i spodziewana przeciętna długość życia. Ale czynnikiem, który ma największy wpływ na to, czy czujemy się szczęśliwi, jest wsparcie społeczne.

W kilku słowach sprowadza się to do pytania, czy mamy w bliskim otoczeniu kogoś, na kim możemy polegać. Tak albo nie. Nie jest to zapewne najbardziej precyzyjny sposób mierzenia systemu wsparcia społecznego, ale mamy na ten temat dane z wszystkich krajów objętych Światowym Raportem Szczęścia.

Jednym z powodów wysokiego poziomu szczęścia Duńczyków jest równowaga między pracą a życiem osobistym, która pozwala wygospodarować czas dla rodziny i przyjaciół. Według danych Indeksu Lepszego Życia OECD Duńczycy mają więcej wolnego czasu niż inne nacje, a według danych Europejskiego Sondażu Społecznego trzydzieści trzy procent z nich deklaruje, że na ogół czują się spokojni, podczas gdy w Niemczech deklaruje to dwadzieścia trzy procent obywateli, we Francji piętnaście, a w Wielkiej Brytanii czternaście.

Samorealizacja

Samoocena

Miłość i poczucie przynależności

Jedzenie, woda, sen i poczucie bezpieczeństwa

Tak więc polityka ma znaczenie, ale niewykluczone, że ma je także *hygge*, dzięki temu, że zachęca do spędzania czasu z bliskimi. W rozdziale o byciu razem poruszyliśmy temat zależności między *hygge* a szczęściem.

Te zależności trudno przecenić. W 1943 roku Abraham Maslow, amerykański psycholog rosyjskiego pochodzenia, stworzył teorię dotyczącą hierarchii ludzkich potrzeb. Model, który ją ilustruje, nazywany jest piramidą potrzeb. Według Maslowa najbardziej podstawowe potrzeby to potrzeby fizjologiczne: jedzenie, woda i sen – i poczucie bezpieczeństwa. W następnej kolejności zaspokajamy potrzeby związane z życiem społecznym: potrzebę miłości i potrzebę przynależności. Jeśli one nie zostaną zaspokojone, nie będziemy mogli pójść dalej i zaspokajać swoich potrzeb związanych z samorealizacją.

Kiedy dzisiaj badacze zajmujący się szczęściem próbują ustalić, co łączy ludzi, którzy uważają się za szczęśliwych, wyłania się jeden wspólny mianownik: wszyscy oni tworzą bowiem dobre i rozbudowane relacje społeczne. Badania pokazują także, że u osób, które doświadczają społecznej izolacji, aktywizują się obszary mózgu, które są aktywne również wtedy, gdy doświadczamy bólu fizycznego.

Cztery dotychczasowe edycje Światowego Raportu Szczęścia dowodzą jednoznacznie, że istnieje zależność między szczęściem a pozostawaniem w bliskich relacjach z innymi ludźmi. Jakość naszych relacji z rodziną i przyjaciółmi, a także z innymi dorosłymi, wpływa na to, czy czujemy się szczęśliwi, nawet w większym stopniu niż zamożność. Nie dotyczy to oczywiście krajów bardzo ubogich.

Z raportów wynika, że najważniejsze są relacje z ukochanymi i bliskimi, ale związki łączące nas ze znajomymi, przyjaciółmi, współpracownikami i z innymi członkami wspólnoty też są istotne. Tak więc ważne relacje społeczne przekładają się na poczucie szczęścia. Ale to działa w obie strony. Wyniki badań pokazują, że jeśli jesteśmy szczęśliwi, nawiązujemy lepsze relacje. Ludzie nastawieni do życia pozytywnie są bardziej zainteresowani działaniami społecznymi. Także Światowy Raport Szczęścia, bazujący na danych ze stu dwudziestu trzech krajów, pokazuje, że przeżywanie pozytywnych emocji jest silnie związane z dobrymi relacjami społecznymi i że dotyczy to wszystkich obszarów społeczno-kulturowych.

Podsumujmy: prowadzone od dziesięcioleci badania pokazują, że jest związek między naszymi relacjami z innymi a naszym samopoczuciem. Ludzie szczęśliwi mają więcej przyjaciół, dobre relacje łączą ich również z rodziną. Dobre relacje z jednej strony prowadzą do szczęścia, z drugiej to właśnie poczucie szczęścia jest podstawą dobrych relacji. Wyniki badań pokazują też, że ze wszystkich czynników, które mają wpływ na to, że czujemy się szczęśliwi, jednym z najważniejszych są uczucia, jakimi darzymy otaczających nas ludzi.

Dlatego właśnie *hygge* może być jednym z czynników, które tłumaczą, dlaczego Duńczycy zawsze czują się tacy szczęśliwi. Nie dość, że duńska polityka społeczna umożliwia nawiązywanie sensownych relacji, to jeszcze język i kultura wręcz zachęcają do spędzania czasu z rodziną i przyjaciółmi, co sprzyja nawiązywaniu dobrych, odpornych na upływ czasu relacji.

ROZKOSZ I WDZIĘCZNOŚĆ

Jak już wspomniałem w rozdziale o jedzeniu, hygge
*to dogadzanie sobie i innym. To delektowanie się
chwilą i proste przyjemności – dobre jedzenie i dobre
towarzystwo.*

To poświęcanie należytej uwagi gorącemu kakao z bitą śmietaną.
Hygge to tu i teraz, to umiejętność cieszenia się chwilą.

Ale to także wdzięczność. Musimy pamiętać, że nie wszystko zostało
nam dane raz na zawsze. Wdzięczność to coś więcej niż zwykłe
dziękuję: to uświadomienie sobie, że powinniśmy doceniać swoje
życie. Skupiać się na tym, co mamy, a nie na tym, czego nie mamy.
Truizm? Oczywiście.

A jednak badania empiryczne pokazują, że doświadczanie
wdzięczności ma wpływ na to, czy czujemy się szczęśliwi.

Według Roberta A. Emmonsa, profesora psychologii na Uniwersytecie Kalifornijskim w Davis i jednego z czołowych światowych ekspertów w dziedzinie badań nad wdzięcznością, ludzie, którzy ją odczuwają, są nie tylko szczęśliwsi od pozostałych, ale także bardziej uczynni, łatwiej wybaczają i są nastawieni mniej materialistycznie.

W ramach jednego z badań przeprowadzono wywiady z ponad tysiącem osób. Część poproszono o prowadzenie dzienniczka wdzięczności, czyli zapisywanie, za co w ciągu całego tygodnia byli wdzięczni. Badacze stwierdzili, że wdzięczność przynosi korzyści na poziomie psychicznym, fizycznym i społecznym. Badani, którzy prowadzili dzienniczki wdzięczności, częściej doświadczali pozytywnych emocji, takich jak entuzjazm i uważność, mówili, że lepiej śpią i odczuwają mniej symptomów chorobowych, łatwiej też zauważali sytuacje, w których mogli być pomocni.

Badania pokazują też, że ludzie, którzy odczuwają wdzięczność, łatwiej i szybciej uwalniają się od urazów i cierpień i są mniej narażeni na stres. Chociażby dlatego warto uczynić poczucie wdzięczności częścią swojego codziennego życia.

Niestety nasz system emocjonalny jest entuzjastą nowości: szybko przyzwyczajamy się do nowych rzeczy, szczególnie tych dobrych. Dlatego żeby nie popaść w rutynę, musimy znajdować coraz to nowe obiekty wdzięczności. Emmons uważa, że wdzięczność sprawia, że jesteśmy w stanie spojrzeć na swoje życie z dystansu i dostrzec jego wartość, i dzięki temu naprawdę docenić to, co mamy.

Hygge to docenianie prostych przyjemności, delektowanie się nimi, ale też planowanie i utrwalanie szczęścia. Duńczycy zastanawiają się, jak spędzić czas *hyggeligt* i jak zachować to w pamięci.

„Czy nostalgia jest częścią *hygge*?" – zapytał mnie jeden z grafików pracujących przy tej książce. Zapoznał się już z pierwszymi szkicami, siedzieliśmy w Granola Café przy Værnedamsvej w Kopenhadze i dyskutowaliśmy o poczuciu wizualnej tożsamości. W pierwszym momencie odrzuciłem jego sugestię. Ale później, w trakcie pisania, powoli dochodziłem do wniosku, że miał rację. Przeżywając ponownie chwile *hygge* z przeszłości: wieczór przy ognisku, przyjemne chwile na balkonie w Alpach Francuskich czy pobyt w letnim domku z mojego dzieciństwa, przenosiłem się w świat nostalgii. I nagle zauważyłem, że się uśmiecham.

Według studium *Nostalgia: Content, Triggers, Function*, opublikowanego w „Journal of Personality and Social Psychology" (w listopadzie 2006 roku), nostalgia wyzwala pozytywne odczucia, wzmacnia wspomnienia i poczucie, że jesteśmy kochani, podnosi też samoocenę. Tak więc zarówno szczęście, jak i *hygge* polegają na docenieniu teraźniejszości. A poza tym jedno i drugie można zaplanować, a potem przechowywać w pamięci. *Hygge* i szczęście mają zarówno przeszłość, jak i przyszłość i teraźniejszość.

HYGGE JAKO SZCZĘŚCIE NA CO DZIEŃ

Badam szczęście. Codziennie próbuję znaleźć odpowiedź na pytanie: dlaczego niektórzy ludzie są szczęśliwsi niż inni?

Słyszałem, że muzycy patrzą na nuty i słyszą w głowie zapisaną w nich muzykę. Mnie zdarza się to samo, gdy patrzę na dane dotyczące szczęścia. Słyszę wtedy dźwięki dobrze przeżywanego życia. Słyszę radość, poczucie wspólnoty i celu.

Wielu ludzi zdaje się jednak wątpić, czy w ogóle można mierzyć szczęście. Między innymi ze względu na różnice w jego postrzeganiu. Odpowiadamy wówczas, że szczęście jest pojęciem zbiorczym. Dzielimy je i badamy różne jego składowe. Gdy zatem Instytut Badań nad Szczęściem, Organizacja Narodów Zjednoczonych, OECD czy rządy różnych krajów próbują mierzyć poziom szczęścia i jakość życia, w grę wchodzą co najmniej trzy rzeczy: trzy wymiary szczęścia.

Po pierwsze, sprawdzamy, czy ludzie są zadowoleni z życia. W międzynarodowych sondażach pytamy: w jakim stopniu jesteś zadowolony z życia? Albo: jak szczęśliwy jesteś w skali od zera do dziesięciu? Zatrzymaj się na chwilę, spójrz na swoje życie z dystansu i spróbuj je ocenić. Pomyśl o możliwie najlepszym życiu dla siebie i o możliwie najgorszym. I oceń, w jakim miejscu jesteś obecnie. To właśnie w odpowiedziach na takie pytania Dania wypada najlepiej na świecie.

Po drugie, przyglądamy się wymiarowi afektywnemu albo inaczej: hedonistycznemu. Jakiego rodzaju emocji doświadczają ludzie na co dzień? Pytamy: kiedy pomyślisz o dniu wczorajszym, czujesz: złość, smutek, osamotnienie? Czy wczoraj się śmiałeś? Czy czułeś się szczęśliwy? Kochany?

Trzeci wymiar nazywany jest eudajmonicznym. Nazwa wywodzi się od starogreckiego słowa eudajmonia, czyli szczęście. Podejście do tego wymiaru opiera się na koncepcji szczęścia według Arystotelesa, dla którego dobre życie to życie sensowne. Pytamy zatem ludzi, czy doświadczają poczucia celu.

Obserwujemy – naukowo, nie jak stalkerzy – dziesięć tysięcy lub więcej osób przez – powiedzmy – dziesięć lat. Bo w ciągu dekady niektórzy z nas skończą szkołę, zrobią dyplom, niektórzy dostaną, a inni stracą pracę, niektórzy się ożenią lub wyjdą za mąż. Pytanie brzmi: jak te życiowe zmiany wpływają na różne wymiary szczęścia?

Jak szczęśliwy się czujesz, ogólnie rzecz biorąc? W jakim stopniu jesteś zadowolony ze swojego życia? Te pytania zadawaliśmy i nadal zadajemy miliony razy na całym świecie. Zbieramy miliony odpowiedzi, a później szukamy w nich prawidłowości. Próbujemy dociec, jakie wspólne cechy mają ludzie szczęśliwi, czy to w Danii, czy w Wielkiej Brytanii, w Stanach Zjednoczonych, Chinach czy w Indiach. Czy czują się szczęśliwsi, jeśli ich dochody się podwoją? A jeśli zawrą związek małżeński? Co jest wspólnym mianownikiem szczęścia?

Robimy to od lat, na przykład w odniesieniu do zdrowia. Poszukujemy wspólnego mianownika u ludzi, którzy na przykład dożywają stu lat. Dzięki takim badaniom wiadomo, że alkohol, tytoń, ćwiczenia i dieta mają wpływ na oczekiwaną dalszą długość życia. Te same metody stosujemy, kiedy chcemy się dowiedzieć, jakie czynniki mają wpływ na to, że czujemy się szczęśliwi.

Zapewne wielu powie, że szczęście jest bardzo subiektywne. To prawda, odpowiem. Ale ja chciałbym wiedzieć, jak t y sam oceniasz s w o j e życie. Czy jesteś szczęśliwy, czy nie. Sam potrafisz to ocenić najlepiej. Wykonanie subiektywnych pomiarów jest oczywiście trudne, ale nie niemożliwe. Mierzymy przecież poziom stresu, niepokoju czy depresji, które w pewnym sensie też są zjawiskami subiektywnymi. Bo tak naprawdę chodzi o to, jak my – jako jednostki – postrzegamy swoje życie. Jak dotąd nikt nie przedstawił przekonującego argumentu przemawiającego za tym, żeby szczęście miało być jedyną rzeczą na świecie, której nie można badać w sposób naukowy. Dlaczego mielibyśmy nie próbować zrozumieć tego, co być może jest w naszym życiu najważniejsze?

Próbujemy zatem zrozumieć, co jest źródłem zadowolenia z życia, szczęścia afektywnego albo hedonistycznego i eudajmonii. Te różne wymiary są oczywiście powiązane. Jeśli nasze życie na co dzień wypełnione jest pozytywnymi emocjami, to prawdopodobnie poziom naszej satysfakcji z życia jest wyższy. Jeszcze bardziej zmienny jest jednak drugi wymiar. Można tu zaobserwować efekt weekendu: ludzie odczuwają bardziej pozytywne emocje w weekendy niż w dni powszednie. Co zapewne dla większości z nas nie jest niespodzianką, ponieważ właśnie w weekendy mamy więcej okazji, żeby robić to, co wywołuje pozytywne emocje. Co więcej, różne wymiary szczęścia są połączone biologicznie. Istnieje na przykład korelacja między hedonistycznym a eudajmonicznym dobrostanem, a wiele mechanizmów w mózgu biorących udział w hedonistycznym doznawaniu przyjemności zmysłowej działa także wtedy, kiedy przeżywamy doświadczenia bardziej eudajmoniczne.

Ale wróćmy do *hygge* i do szczęścia. Mam wrażenie, że jednym z najbardziej interesujących odkryć ostatnich czasów jest obserwacja, że dla ogólnego dobrostanu mierzonego poziomem zadowolenia z życia doświadczanie pozytywnych emocji ma znaczenie większe niż brak emocji negatywnych, chociaż, jak wynika ze Światowego Raportu Szczęścia, i jedno, i drugie jest ważne.

W trakcie badań i pracy nad tą książką zauważyłem, że *hygge* może być siłą napędową szczęścia na co dzień. *Hygge* dostarcza nam języka, celu i metod planowania i trwania w szczęściu. Pozwala nam też czerpać z niego na co dzień. Kiedy w zimny deszczowy styczniowy dzień wracamy po wielu godzinach pracy do domu i czujemy domowe *hygge*, jesteśmy bardzo blisko szczęścia.

Spójrzmy więc prawdzie w oczy i uznajmy, że to właśnie codzienność decyduje o naszym życiu. Raz w roku – lub częściej, jeśli los nam sprzyja – możemy się znaleźć na plaży w egzotycznym kraju i na brzegu dalekiego morza znaleźć i *hygge*, i szczęście. Ale *hygge* polega na robieniu najlepszego użytku ze zwykłych dni, bo właśnie tych jest najwięcej. Najlepiej ujął to chyba Benjamin Franklin, pisząc: „Szczęście człowieka nie jest uwarunkowane wielkimi sprawami, ale małymi szczęśliwymi okolicznościami, które mają miejsce na co dzień".

A teraz się żegnam i jadę odwiedzić tatę i jego żonę. To będzie moja nagroda.

ŹRÓDŁA ZDJĘĆ

p.164 Klaus Bentzen/Copenhagenmediacenter

p.166 Meik Wiking

p.168 Ethan Miller/Staff/Getty Images

p.170 Dennis Paaske/EyeEm/Getty Images

p.171 venerof/Shutterstock

p.172 galyaivanova/Getty Images

p.173 Anna Shepulova/Shutterstock

p.177 Paul Viant/Getty Images

p.178 JAG IMAGES/Getty Images

p.181 Meik Wiking

p.183 Ann-Christine/Valdemarsro.dk

p.184 Lolostock/Shutterstock

p.187 Meik Wiking

p.189 SarahGinn/Nomad Cinema

p.191 Meik Wiking

p.192 Thomas Høyrup Christensen/
Copenghagenmediacenter

p.195 Marcel ter Bekke/Getty Images

p.200 www.caecacph.com/Jacob Schjørring
& Simon Lau/Copenhagenmediacenter

p.201 Thomas Høyrup Christensen/
Copenghagenmediacenter

p.202 La Glace

p.203 Anders Bøgild/Copenhagenmediacenter

p.204 Tivoli/Copenhagenmediacenter

p.206 Ty Stange/Copenhagenmediacenter

p.207 Ty Stange/Copenhagenmediacenter

p.208 Ty Stange/Copenhagenmediacenter

p.210 www.caecacph.com/Jacob Schjørring
& Simon Lau/Copenhagenmediacenter

p.213 Martin Heiberg/
Copenhagenmediacenter

p.217 Cees van Roeden/
Copenhagenmediacenter

p.218 Ty Stange/Copenhagenmediacenter

p.221 AnjelikaGr/Shutterstock

p.222 Chris Tonnesen/
Copenhagenmediacenter

p.227 Ann-Christine/Valdemarsro.dk

p.228 Ty Stange/Copenhagenmediacenter

p.232 Brent Hofacker/Shutterstock

p.234 Belinda Gehri/Great Dane Paper Shop

p.238 Jonas Smith/Copenhagenmediacenter

p.243 Ann-Christine/Valdemarsro.dk

p.245 Meik Wiking

p.246 Westend61/Getty Images

p.249 Meik Wiking

p.250 Ty Stange/Copenhagenmediacenter

p.253 Ty Stange/Copenhagenmediacenter

p.255 Adrian Lazar/Copenhagenmediacenter

p.258 Westend61/Getty Images

p.262 WichitS/Shutterstock

p.267 Here/Shutterstock

p.271 Sean Malyon/Getty Images

p.275 A. and I. Kruk/Shutterstock

p.280 A. and I. Kruk/Shutterstock.

Chciałbym podziękować badaczom z Instytutu Badań nad Szczęściem – Johanowi, Felicii, Michaelowi i Kjartanowi – za pomoc przy powstawaniu tej książki. Bez nich nie byłaby nawet w połowie tak *hyggelig*.

La Glace, czerwiec 2016